# RIUS

Economía al alcance de todos

**además:
LEXIKÓN ECONOMIKÓN
(Diccionario de términos económicos)
¡DOS libros por el precio de UNO!**

Rius (Zamora, Michoacán, 1934 – Tepoztlán, Morelos, 8 de agosto de 2017) ocupa un lugar clave en la historia de la cultura popular mexicana. Nacido Eduardo del Río, se fue convirtiendo en *Rius* a partir de 1955, tras la publicación de sus primeros monos en la legendaria revista *Ja-já*. Luego revolucionó la historieta nacional con *Los Supermachos* y *Los Agachados*.

Publicó su primer libro, *Cuba para principiantes*, en 1966; aunque años después, en 1994, renegaría de él con su *Lástima de Cuba*. A partir de aquel legendario título desarrolló una original forma de comunicar información y conocimientos a través de una inaudita mezcla de humor, caricatura, historieta y collage. Atento a todo lo que sucedía en México y en el mundo, y siempre con una posición crítica que muchos calificarían de radical, durante cinco décadas Rius abordó, libro tras libro, un sinfín de temas de actualidad, siempre con una respuesta entusiasta de sus lectores.

Entre sus más de cien libros destacan *Filosofía para principiantes*, *¿Sería católico Jesucristo?*, *La panza es primero*, *La trukulenta historia del kapitalismo*, *Herejes, ateos y malpensados* y *¿Cuándo se empezó a xoder Méjico?*

RIUS

además:
LEXIKÓN ECONOMIKÓN
(Diccionario de términos económicos)
¡DOS libros por el precio de UNO!

DEBOLS!LLO

El papel utilizado para la impresión de este libro ha sido fabricado a partir de madera
procedente de bosques y plantaciones gestionadas con los más altos estándares ambientales,
garantizando una explotación de los recursos sostenible con el medio ambiente y beneficiosa para las personas.

Economía al alcance de todos

Segunda edición en Debolsillo: julio, 2022

D. R. © 1997, Eduardo del Río García (Rius)
D. R. © Citlali del Río Flores, por la titularidad de los derechos patrimoniales del autor
www.rius.com.mx

D. R. © 2022, derechos de edición mundiales en lengua castellana:
Penguin Random House Grupo Editorial, S. A. de C. V.
Blvd. Miguel de Cervantes Saavedra núm. 301, 1er piso,
colonia Granada, alcaldía Miguel Hidalgo, C. P. 11520,
Ciudad de México

penguinlibros.com

Diseño de portada: Citlali del Río Flores

Penguin Random House Grupo Editorial apoya la protección del *copyright*.
El *copyright* estimula la creatividad, defiende la diversidad en el ámbito de las ideas y el conocimiento,
promueve la libre expresión y favorece una cultura viva. Gracias por comprar una edición autorizada
de este libro y por respetar las leyes del Derecho de Autor y *copyright*. Al hacerlo está respaldando a los autores
y permitiendo que PRHGE continúe publicando libros para todos los lectores.

Queda prohibido bajo las sanciones establecidas por las leyes escanear, reproducir total o parcialmente esta obra
por cualquier medio o procedimiento así como la distribución de ejemplares
mediante alquiler o préstamo público sin previa autorización.
Si necesita fotocopiar o escanear algún fragmento de esta obra diríjase a CemPro
(Centro Mexicano de Protección y Fomento de los Derechos de Autor, https://cempro.com.mx).

ISBN: 978-607-381-672-4

Impreso en México – *Printed in Mexico*

ESTE LIBRO SE LLAMÓ ORIGINALMENTE (EN 1983)

rius

economía para ignorantes (en economía)

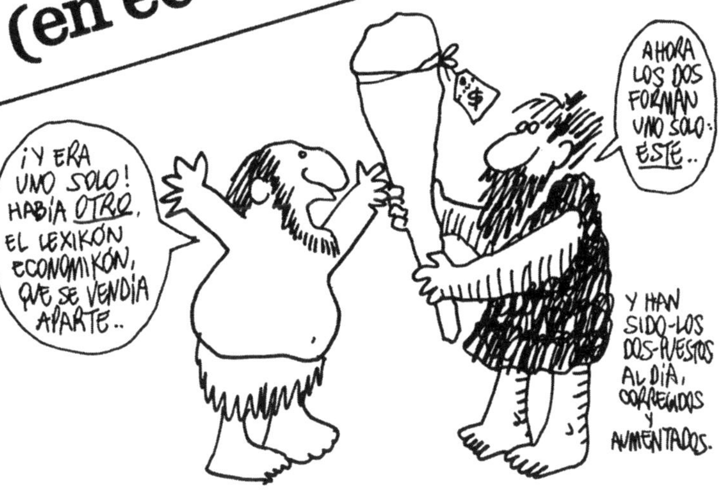
¡Y ERA UNO SOLO! HABÍA OTRO, EL LEXIKÓN ECONOMIKÓN, QUE SE VENDÍA APARTE..
AHORA LOS DOS FORMAN UNO SOLO: ESTE..
Y HAN SIDO-LOS DOS-PUESTOS AL DÍA, CORREGIDOS Y AUMENTADOS.

¿QUIÉN INVENTÓ LA ECONOMÍA?

EN ESTO -AFORTUNADAMENTE- DIOS NO TUVO NADA QUE VER.

SIMPLEMENTE, CUANDO EL HOMBRE SE DIO CUENTA QUE PODÍA SACARLE PROVECHO A LA NATURALEZA, INVENTÓ LA ECONOMÍA (AUNQUE SIN DARSE CUENTA...)

A mí denme definiciones: ¿QUÉ ES LA ECONOMÍA?

la ECONOMÍA no es sino el estudio de la humanidad en su conducta en la vida cotidiana (y de la sociedad en que vive).

es decir, ¿qué produce el hombre?

¿cómo lo produce?

¿qué consume el hombre?

¿cómo lo consume?

¿cómo lo adquiere?

O SEA, LA ECONOMÍA ES EL ESTUDIO DE LA RIQUEZA (Y DE LA POBREZA).

QUIÉN, DÓNDE, CÓMO Y CUÁNDO PRODUCE LA RIQUEZA, CÓMO SE DISTRIBUYE, QUIÉNES LA APROVECHAN Y DE QUIÉNES SE APROVECHAN (Y CÓMO LE HACEN) CUÁL ES LA RELACIÓN ENTRE LO QUE PRODUCIMOS Y LO QUE GASTAMOS PARA COMPRAR LO PRODUCIDO.

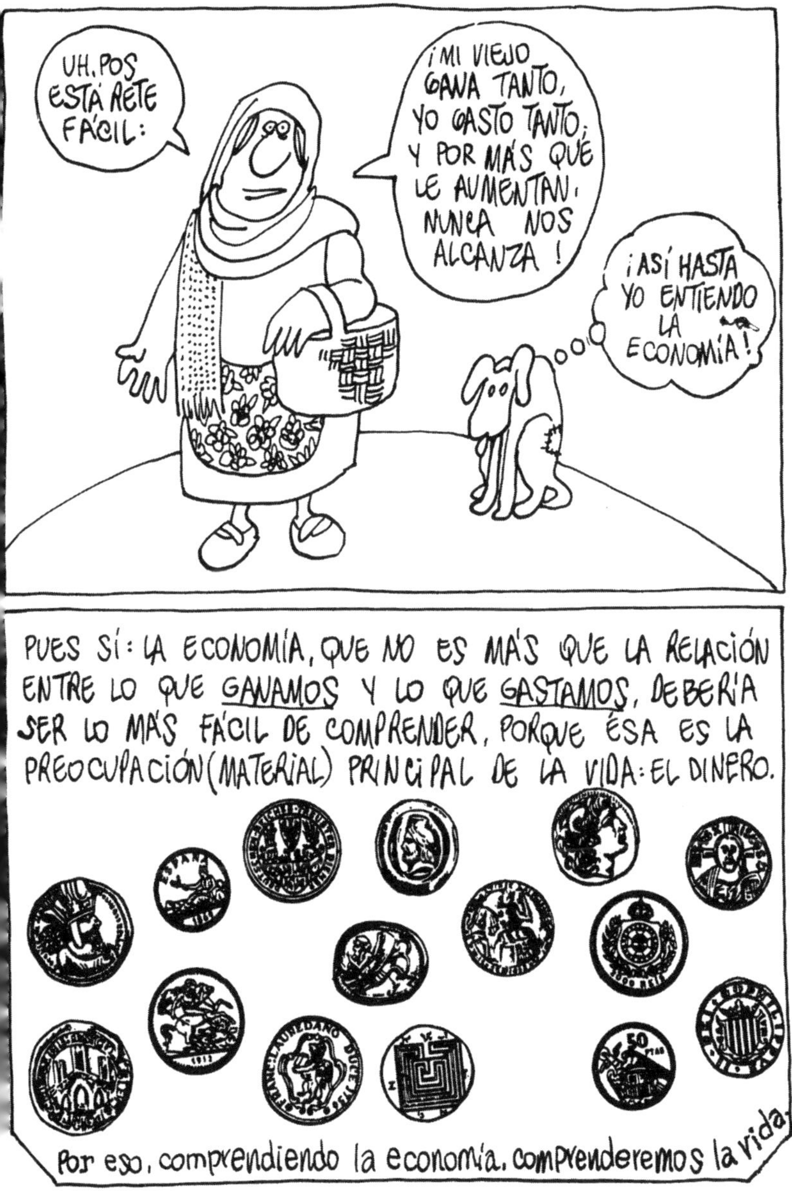
UH, POS ESTÁ RETE FÁCIL:
¡MI VIEJO GANA TANTO, YO GASTO TANTO, Y POR MÁS QUE LE AUMENTAN, NUNCA NOS ALCANZA!
¡ASÍ HASTA YO ENTIENDO LA ECONOMÍA!
PUES SÍ: LA ECONOMÍA, QUE NO ES MÁS QUE LA RELACIÓN ENTRE LO QUE GANAMOS Y LO QUE GASTAMOS, DEBERÍA SER LO MÁS FÁCIL DE COMPRENDER, PORQUE ÉSA ES LA PREOCUPACIÓN (MATERIAL) PRINCIPAL DE LA VIDA: EL DINERO.
Por eso, comprendiendo la economía, comprenderemos la vida.

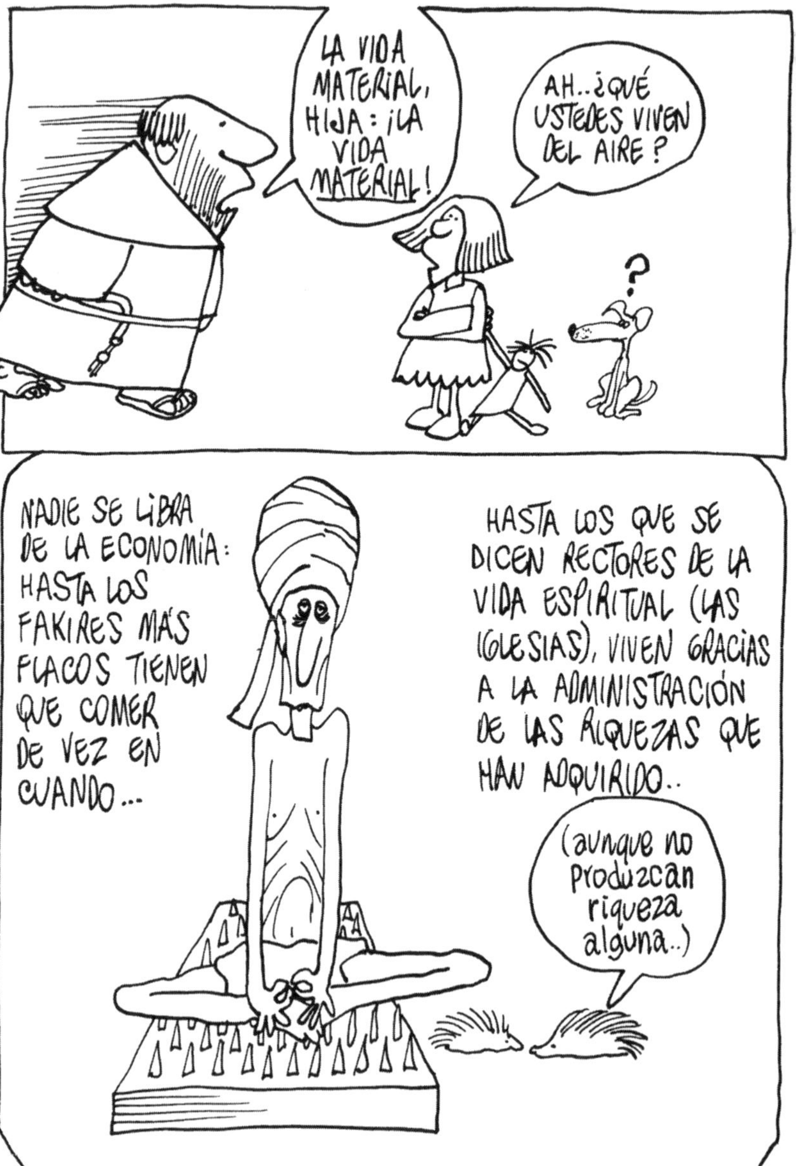
LA VIDA MATERIAL, HIJA: ¡LA VIDA MATERIAL!
AH.. ¿QUÉ USTEDES VIVEN DEL AIRE?
?
NADIE SE LIBRA DE LA ECONOMÍA: HASTA LOS FAKIRES MÁS FLACOS TIENEN QUE COMER DE VEZ EN CUANDO...
HASTA LOS QUE SE DICEN RECTORES DE LA VIDA ESPIRITUAL (LAS IGLESIAS), VIVEN GRACIAS A LA ADMINISTRACIÓN DE LAS RIQUEZAS QUE HAN ADQUIRIDO..
(aunque no produzcan riqueza alguna..)

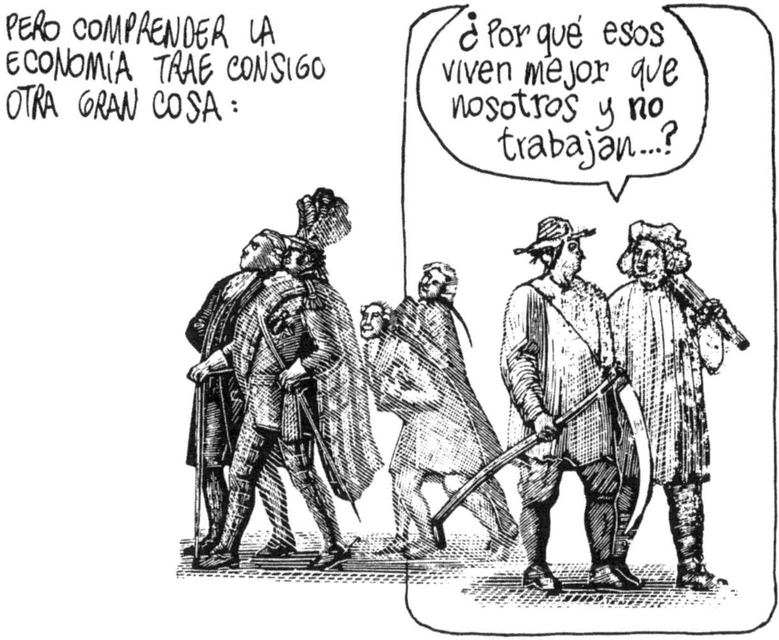
PERO COMPRENDER LA ECONOMÍA TRAE CONSIGO OTRA GRAN COSA:
¿Por qué esos viven mejor que nosotros y **no** trabajan...?

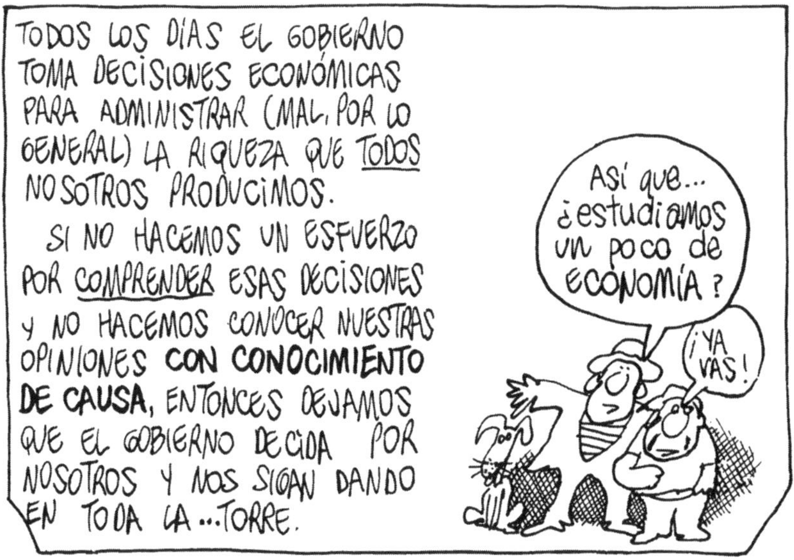
TODOS LOS DÍAS EL GOBIERNO TOMA DECISIONES ECONÓMICAS PARA ADMINISTRAR (MAL, POR LO GENERAL) LA RIQUEZA QUE TODOS NOSOTROS PRODUCIMOS.
SI NO HACEMOS UN ESFUERZO POR COMPRENDER ESAS DECISIONES Y NO HACEMOS CONOCER NUESTRAS OPINIONES **CON CONOCIMIENTO DE CAUSA**, ENTONCES DEJAMOS QUE EL GOBIERNO DECIDA POR NOSOTROS Y NOS SIGAN DANDO EN TODA LA...TORRE.
Así que... ¿estudiamos un poco de ECONOMÍA?
¡YA VAS!

PARA EXPLICAR CON LA MAYOR CLARIDAD POSIBLE (CUALIDAD CASI IMPOSIBLE DE ENCONTRAR EN LOS ECONOMISTAS), HEMOS RECURRIDO PRINCIPALMENTE AL MÁS DIABLO DE LOS ECONOMISTAS QUE HA DADO EL MUNDO: DON CARLOS MARX, Y A OTROS POSTERIORES DIABLOS MENORES COMO KEYNES, GALBRAITH, FRIEDMAN, VEBLEN, ETC. (SIN OLVIDAR AL ANTERIOR A MARX, ADAM SMITH, A QUIEN SE CONSIDERA PADRE IDEOLÓGICO DEL CAPITALISMO.)

1 la sociedad

QUERÁMOSLO O NO, TODOS FORMAMOS PARTE DE UNA SOCIEDAD, Y ASÍ HA SIDO DESDE LOS INICIOS DE LA HUMANIDAD:

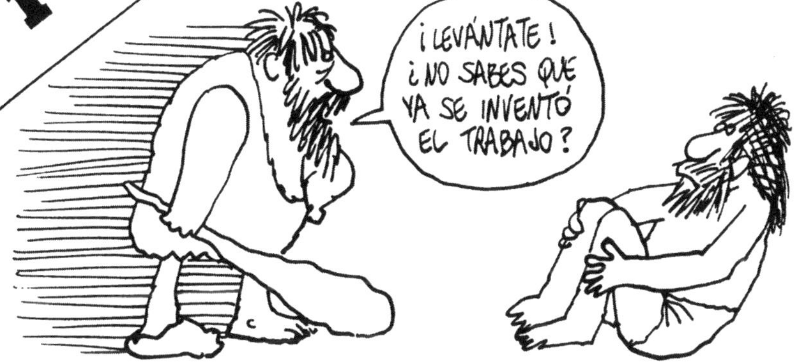
¡LEVÁNTATE! ¿NO SABES QUE YA SE INVENTÓ EL TRABAJO?

YA DESDE LOS VIEJOS TIEMPOS, EL HOMBRE TUVO QUE VIVIR EN COMPAÑÍA DE OTRAS PERSONAS AJUSTANDO SU COMPORTAMIENTO A LAS EXIGENCIAS Y NECESIDADES DE LOS DEMÁS, ES DECIR: ASOCIADO, EN SOCIEDAD CON OTROS.

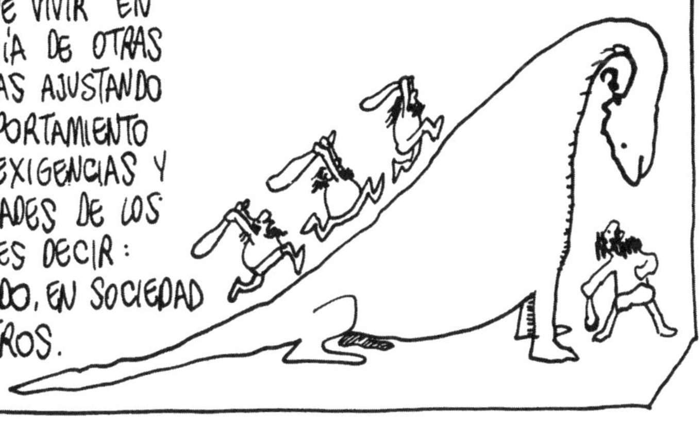

Porque desde que el hombre nace, nace con necesidades: NECESITA alimentarse, vestirse, protegerse de los elementos.

Y PRONTO, EL HOMBRE SE DIO CUENTA DE QUE CON AYUDA DE OTROS HOMBRES PODÍA SATISFACER MEJOR SUS NECESIDADES, ES DECIR:

→ PRODUCIR LO NECESARIO ←
PARA PODER VIVIR.

EN UN PRINCIPIO LA PRODUCCIÓN DE ESOS SATISFACTORES ERA DE LO MÁS SENCILLO...

LA NATURALEZA PROVEÍA DE TODO, Y EL TRABAJO ERA ÚNICAMENTE MATAR AL ANIMAL, COCINARLO Y HACERSE UNOS CALZONES CON SU PIEL.

HAY VACANTES

PERO CONFORME FUE CRECIENDO LA POBLACIÓN Y CONFORME EL HOMBRE FUE DESCUBRIENDO QUE PODÍA VIVIR **MEJOR** SACÁNDOLE PROVECHO A LA NATURALEZA, LAS NECESIDADES FUERON AUMENTANDO. ASÍ, EL HOMBRE DESCUBRIÓ EL **TRABAJO**...

Ganarás el pan con el sudor de tu frente...

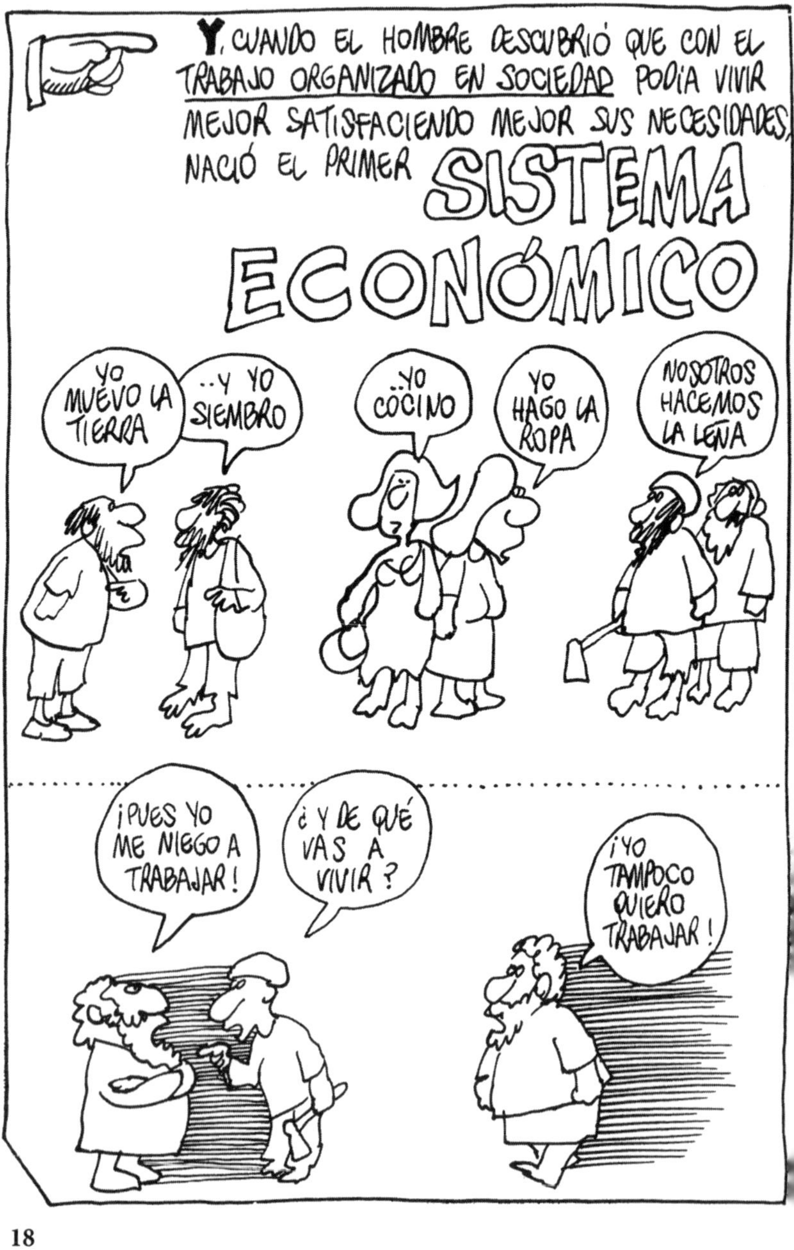
Y, CUANDO EL HOMBRE DESCUBRIÓ QUE CON EL TRABAJO ORGANIZADO EN SOCIEDAD PODÍA VIVIR MEJOR SATISFACIENDO MEJOR SUS NECESIDADES, NACIÓ EL PRIMER SISTEMA ECONÓMICO
YO MUEVO LA TIERRA
..Y YO SIEMBRO
..YO COCINO
YO HAGO LA ROPA
NOSOTROS HACEMOS LA LEÑA
¡PUES YO ME NIEGO A TRABAJAR!
¿Y DE QUÉ VAS A VIVIR?
¡YO TAMPOCO QUIERO TRABAJAR!

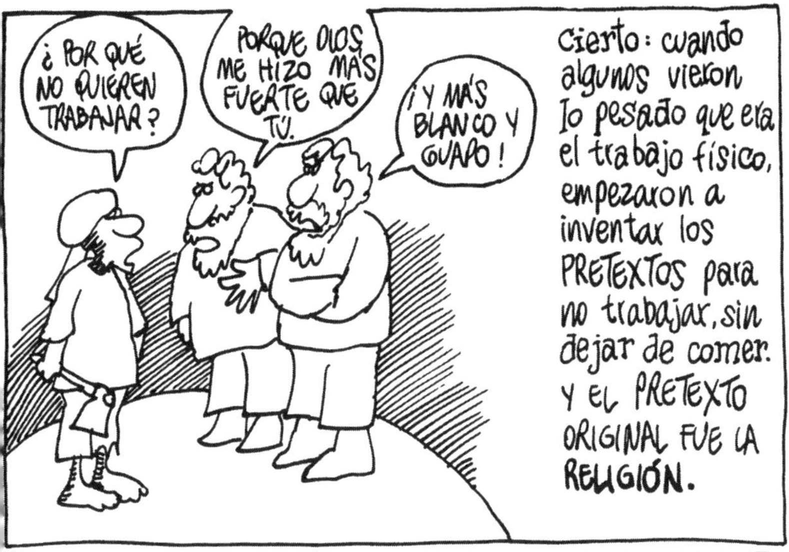
¿POR QUÉ NO QUIEREN TRABAJAR?
PORQUE DIOS ME HIZO MÁS FUERTE QUE TÚ.
¡Y MÁS BLANCO Y GUAPO!
Cierto: cuando algunos vieron lo pesado que era el trabajo físico, empezaron a inventar los PRETEXTOS para no trabajar, sin dejar de comer.
Y EL PRETEXTO ORIGINAL FUE LA RELIGIÓN.

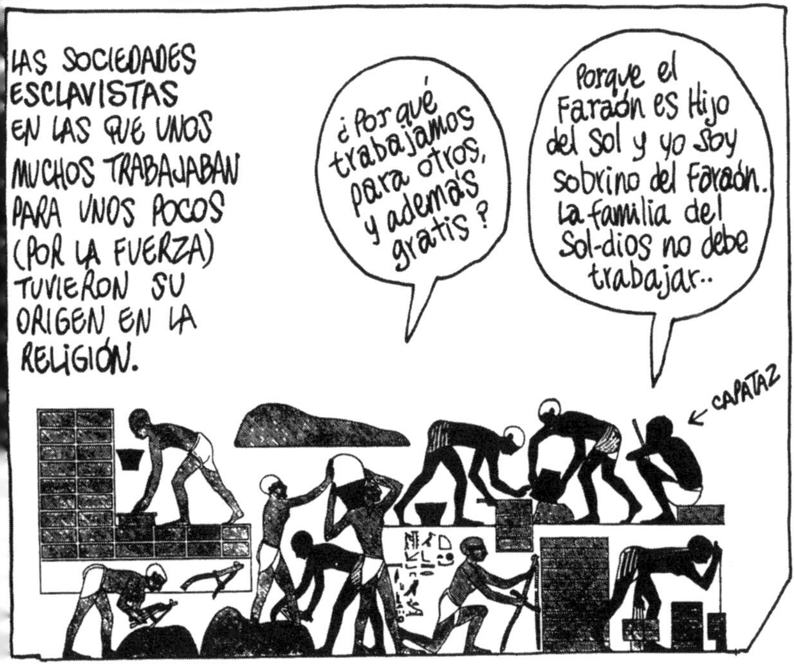
LAS SOCIEDADES ESCLAVISTAS EN LAS QUE UNOS MUCHOS TRABAJABAN PARA UNOS POCOS (POR LA FUERZA) TUVIERON SU ORIGEN EN LA RELIGIÓN.
¿Por qué trabajamos para otros, y además gratis?
Porque el Faraón es Hijo del Sol y yo soy sobrino del Faraón. La familia del Sol-dios no debe trabajar..
CAPATAZ

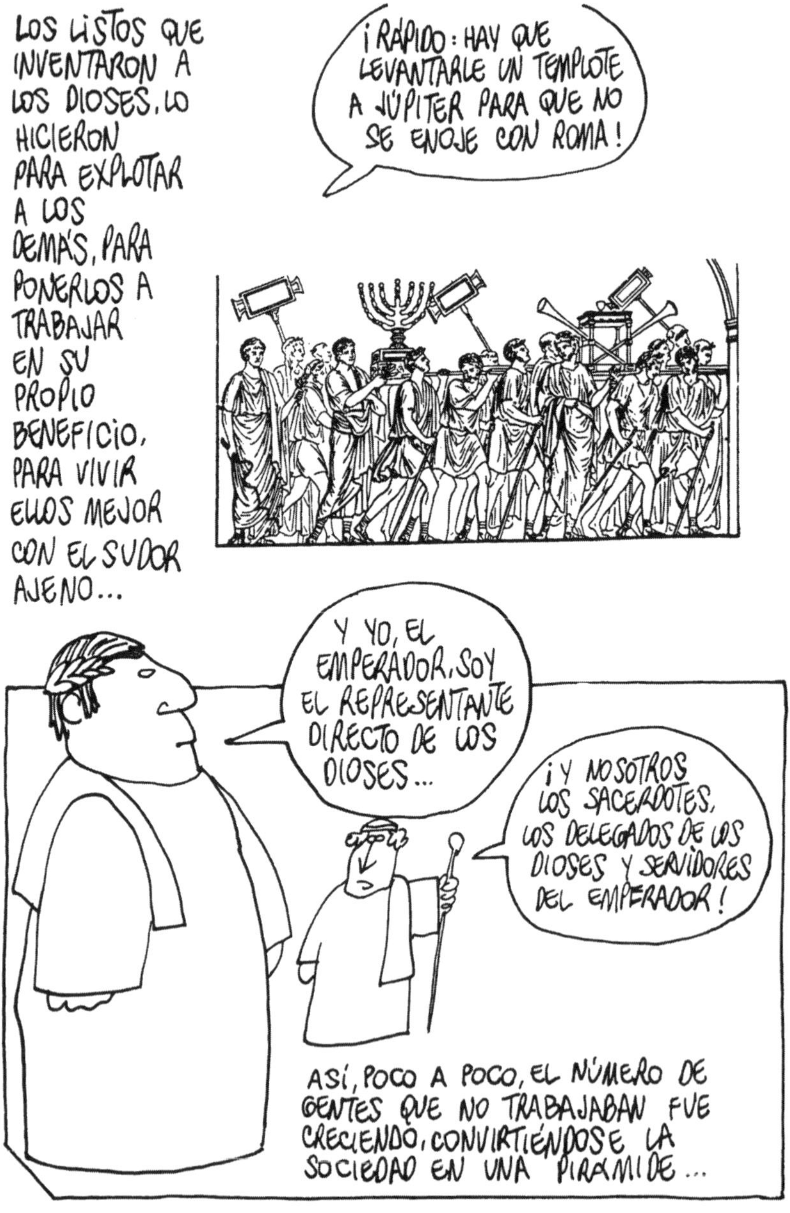
LOS LISTOS QUE INVENTARON A LOS DIOSES, LO HICIERON PARA EXPLOTAR A LOS DEMÁS, PARA PONERLOS A TRABAJAR EN SU PROPIO BENEFICIO, PARA VIVIR ELLOS MEJOR CON EL SUDOR AJENO...
¡RÁPIDO: HAY QUE LEVANTARLE UN TEMPLOTE A JÚPITER PARA QUE NO SE ENOJE CON ROMA!
Y YO, EL EMPERADOR, SOY EL REPRESENTANTE DIRECTO DE LOS DIOSES...
¡Y NOSOTROS LOS SACERDOTES, LOS DELEGADOS DE LOS DIOSES Y SERVIDORES DEL EMPERADOR!
ASÍ, POCO A POCO, EL NÚMERO DE GENTES QUE NO TRABAJABAN FUE CRECIENDO, CONVIRTIÉNDOSE LA SOCIEDAD EN UNA PIRÁMIDE...

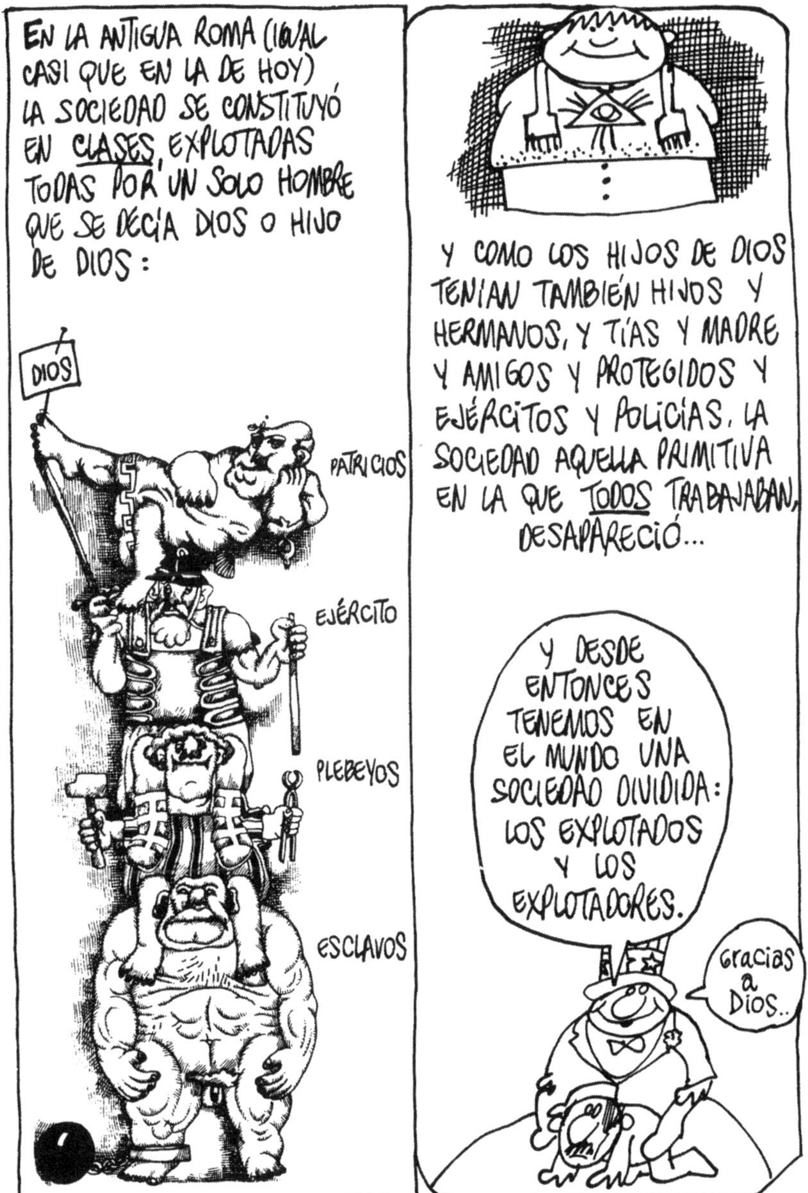
EN LA ANTIGUA ROMA (IGUAL CASI QUE EN LA DE HOY) LA SOCIEDAD SE CONSTITUYÓ EN CLASES, EXPLOTADAS TODAS POR UN SOLO HOMBRE QUE SE DECÍA DIOS O HIJO DE DIOS:
DIOS
PATRICIOS
EJÉRCITO
PLEBEYOS
ESCLAVOS
Y COMO LOS HIJOS DE DIOS TENÍAN TAMBIÉN HIJOS Y HERMANOS, Y TÍAS Y MADRE Y AMIGOS Y PROTEGIDOS Y EJÉRCITOS Y POLICÍAS, LA SOCIEDAD AQUELLA PRIMITIVA EN LA QUE TODOS TRABAJABAN, DESAPARECIÓ...
Y DESDE ENTONCES TENEMOS EN EL MUNDO UNA SOCIEDAD DIVIDIDA: LOS EXPLOTADOS Y LOS EXPLOTADORES.
Gracias a Dios..

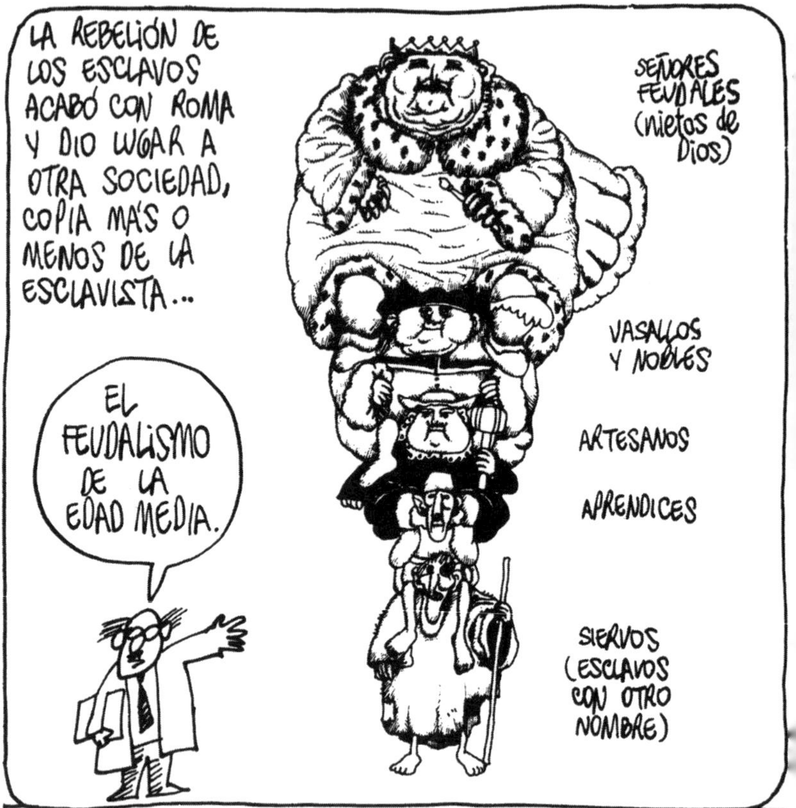
LA REBELIÓN DE LOS ESCLAVOS ACABÓ CON ROMA Y DIO LUGAR A OTRA SOCIEDAD, COPIA MÁS O MENOS DE LA ESCLAVISTA...
SEÑORES FEUDALES (nietos de Dios)
VASALLOS Y NOBLES
ARTESANOS
APRENDICES
SIERVOS (ESCLAVOS CON OTRO NOMBRE)
EL FEUDALISMO DE LA EDAD MEDIA.

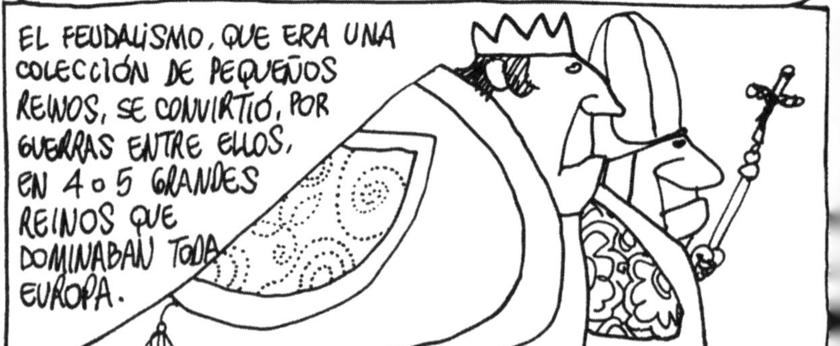
EL FEUDALISMO, QUE ERA UNA COLECCIÓN DE PEQUEÑOS REINOS, SE CONVIRTIÓ, POR GUERRAS ENTRE ELLOS, EN 4 o 5 GRANDES REINOS QUE DOMINABAN TODA EUROPA.

PERO... en el transcurso de esas guerras, nació un nuevo tipo de gentes dedicadas a la compra y venta de armas, comida y demás cosas necesarias para hacer la guerra:

LOS COMERCIANTES.

(FUTUROS SEPULTUREROS DEL FEUDALISMO.)

MARX DESCUBRIÓ QUE TODA SOCIEDAD CRÍA EN SU SENO EL GERMEN DE SU PROPIA DESTRUCCIÓN: EL FEUDALISMO HIZO NACER A LA CLASE QUE LO DESTRUIRÍA: **LA BURGUESÍA.**

Los comerciantes, los burgueses, inventaron el DINERO y con el dinero, los BANCOS, y con los bancos y el dinero, la ESPECULACIÓN, y con todo eso reunido, obtuvieron lo más importante: el poder económico.

LOS REYES TUVIERON ENTONCES QUE COMPARTIR EL PODER TERRENAL CON LA BURGUESÍA, QUE PRONTO VIO LA POSIBILIDAD DE QUEDARSE CON TODO...

↪ EL DESCUBRIMIENTO DE AMÉRICA (Y DE LOS ENORMES MERCADOS DE ÁFRICA Y ASIA), HICIERON MÁS RICOS Y PODEROSOS A LOS BURGUESES; NO ASÍ A LOS REYES QUE PASARON A DEPENDER DE LOS BANQUEROS.

Bastaba sólo un empujoncito para acabar con el FEUDALISMO

AHORA SE LO DOY...

LAS GUERRAS CAMPESINAS Y LA REVOLUCIÓN FRANCESA ACABARON CON EL FEUDALISMO (MÁS O MENOS), Y EL PODER PASÓ A MANOS DE LA BURGUESÍA: LA EXPLOTACIÓN DEL CAMPESINO NO HIZO MÁS QUE CAMBIAR DE FORMA, NACIENDO ASÍ EL

capitalismo

SISTEMA DEL QUE VAMOS A OCUPARNOS AQUÍ.

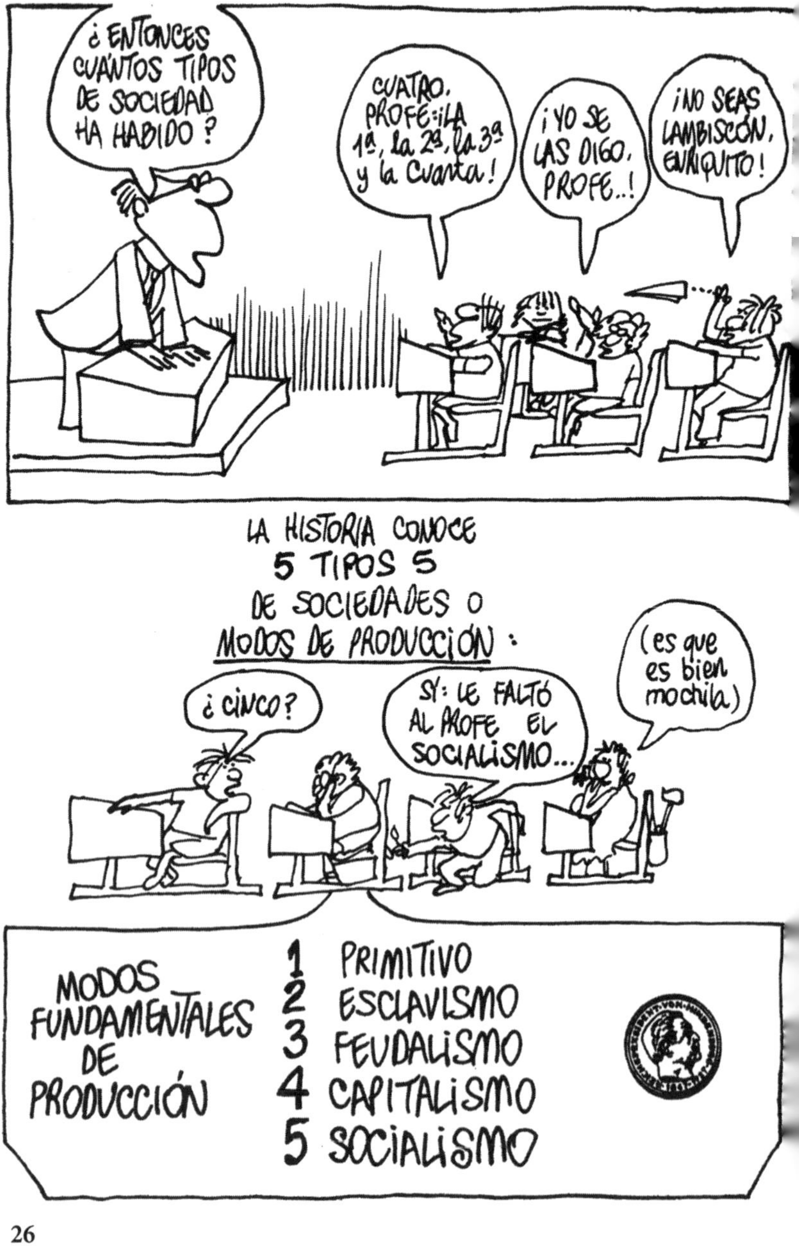
¿ENTONCES CUÁNTOS TIPOS DE SOCIEDAD HA HABIDO?
CUATRO, PROFE: ¡LA 1ª, LA 2ª, LA 3ª Y LA CUARTA!
¡YO SE LAS DIGO, PROFE..!
¡NO SEAS LAMBISCÓN, ENRIQUITO!
LA HISTORIA CONOCE 5 TIPOS 5 DE SOCIEDADES O MODOS DE PRODUCCIÓN:
¿CINCO?
SÍ: LE FALTÓ AL PROFE EL SOCIALISMO...
(es que es bien mochila)
MODOS FUNDAMENTALES DE PRODUCCIÓN
1 PRIMITIVO
2 ESCLAVISMO
3 FEUDALISMO
4 CAPITALISMO
5 SOCIALISMO

2 el capitalismo

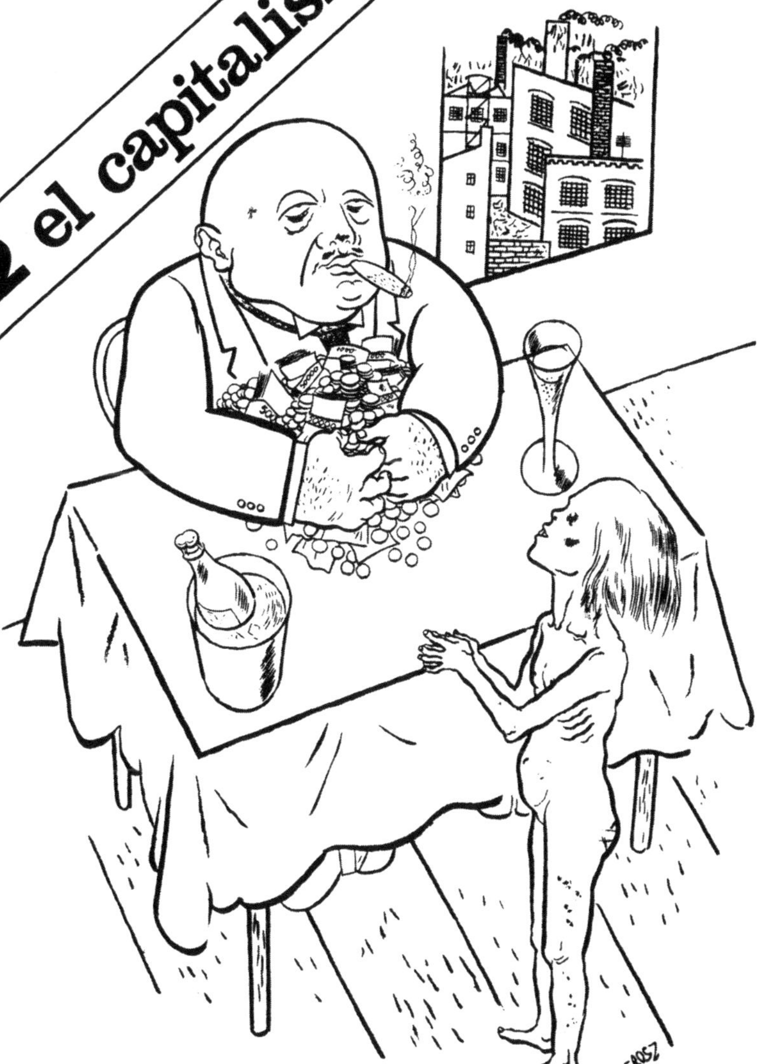
GROSZ

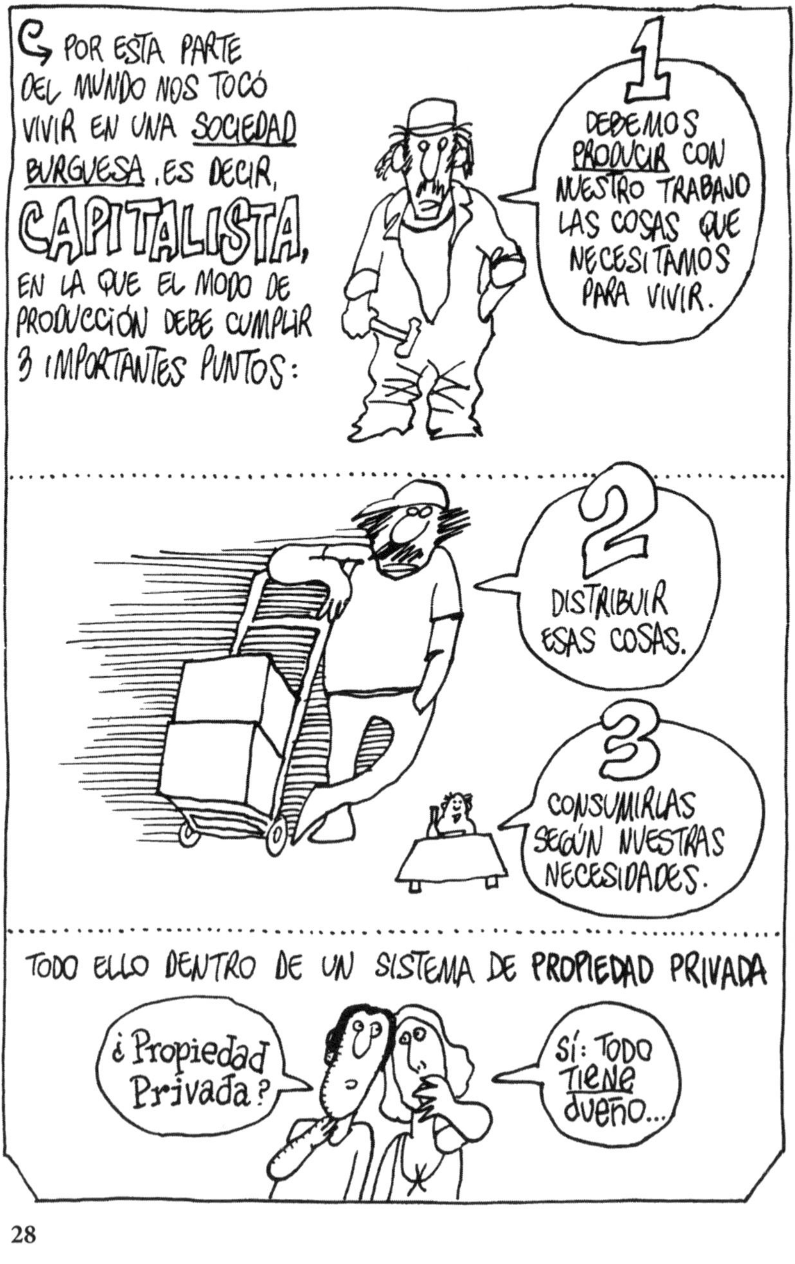
POR ESTA PARTE DEL MUNDO NOS TOCÓ VIVIR EN UNA SOCIEDAD BURGUESA, ES DECIR,
CAPITALISTA,
EN LA QUE EL MODO DE PRODUCCIÓN DEBE CUMPLIR 3 IMPORTANTES PUNTOS:
1
DEBEMOS PRODUCIR CON NUESTRO TRABAJO LAS COSAS QUE NECESITAMOS PARA VIVIR.
2
DISTRIBUIR ESAS COSAS.
3
CONSUMIRLAS SEGÚN NUESTRAS NECESIDADES.
TODO ELLO DENTRO DE UN SISTEMA DE PROPIEDAD PRIVADA
¿Propiedad Privada?
SÍ: TODO TIENE dueño...

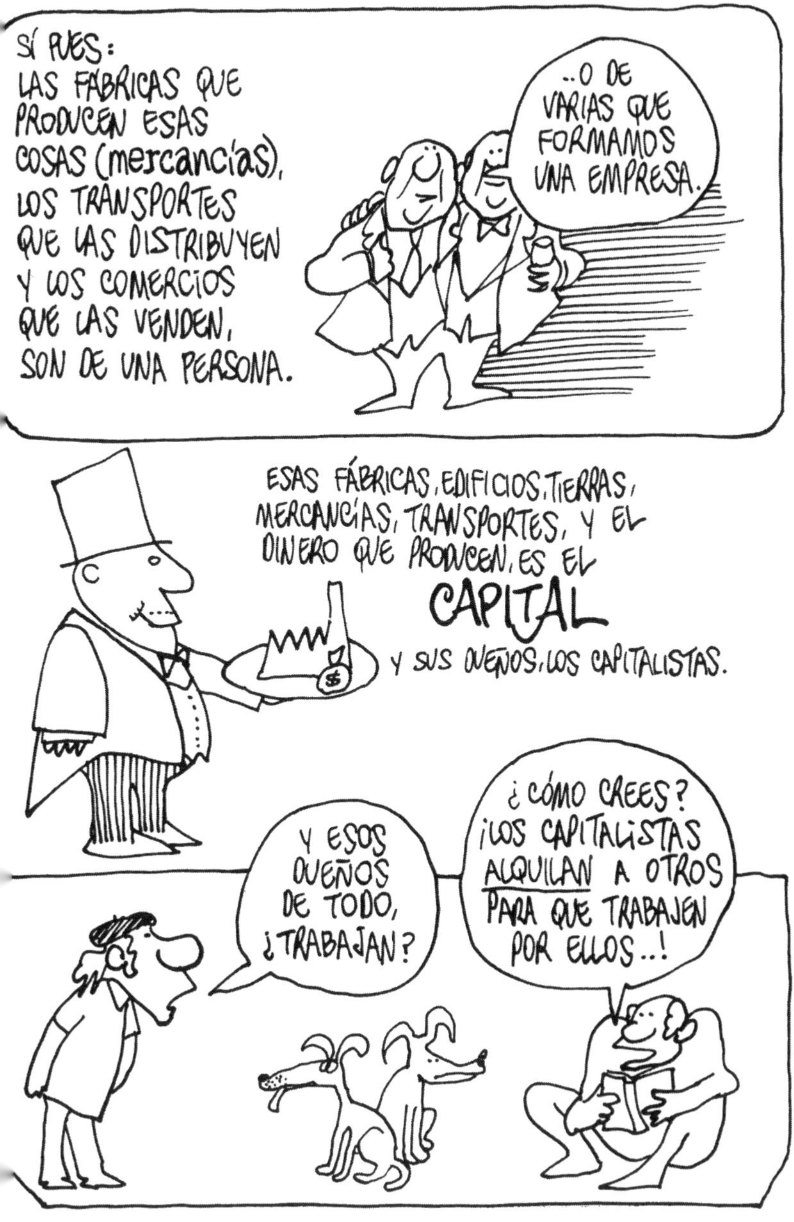

SÍ PUES: LAS FÁBRICAS QUE PRODUCEN ESAS COSAS (mercancías), LOS TRANSPORTES QUE LAS DISTRIBUYEN Y LOS COMERCIOS QUE LAS VENDEN, SON DE UNA PERSONA.
...O DE VARIAS QUE FORMAMOS UNA EMPRESA.
ESAS FÁBRICAS, EDIFICIOS, TIERRAS, MERCANCÍAS, TRANSPORTES, Y EL DINERO QUE PRODUCEN, ES EL
CAPITAL
Y SUS DUEÑOS, LOS CAPITALISTAS.
$
Y ESOS DUEÑOS DE TODO, ¿TRABAJAN?
¿CÓMO CREES? ¡LOS CAPITALISTAS ALQUILAN A OTROS PARA QUE TRABAJEN POR ELLOS...!

TODA ESA GENTE QUE SE ALQUILA A LOS CAPITALISTAS POR UN SALARIO Y TRABAJA Y PRODUCE PARA ELLOS —FÍSICA O INTELECTUALMENTE— SON LOS **TRABAJADORES**

(OBREROS, CAMPESINOS, EMPLEADOS, SIRVIENTES)

YA TENEMOS PUES LOS 2 PRINCIPALES COMPONENTES DEL SISTEMA CAPITALISTA:

EL CAPITAL   Y   EL TRABAJO

Porque los capitalistas han extendido la PROPIEDAD PRIVADA, no sólo a las tierras, edificios, fábricas, empresas, transportes y herramientas, SINO TAMBIÉN a las mercancías y a las ganancias que produce la venta de ellas..!!!

HEMOS MENCIONADO LAS NECESIDADES DEL SER HUMANO, PERO NO HEMOS DICHO CUÁLES SON, NI CÓMO LAS RESUELVE, UN SISTEMA.

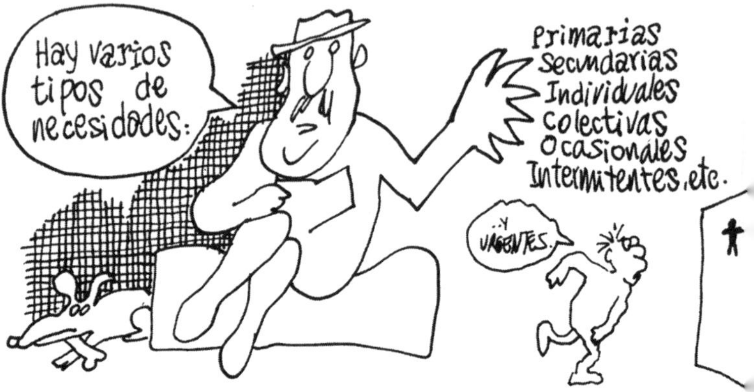
Hay varios tipos de necesidades:
Primarias
Secundarias
Individuales
colectivas
Ocasionales
Intermitentes, etc.
..Y URGENTES.

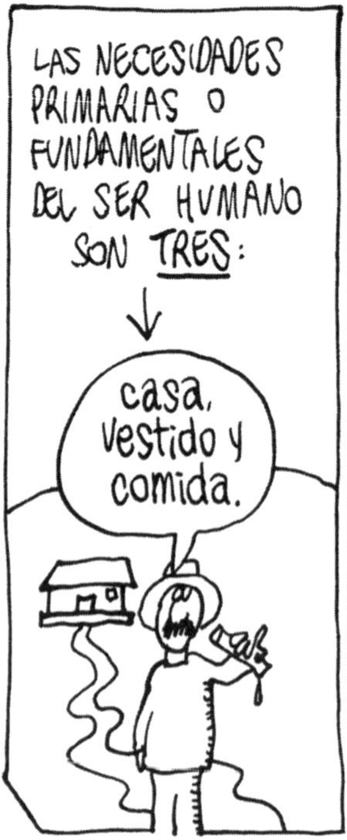
LAS NECESIDADES PRIMARIAS O FUNDAMENTALES DEL SER HUMANO SON TRES:
casa, vestido y comida.

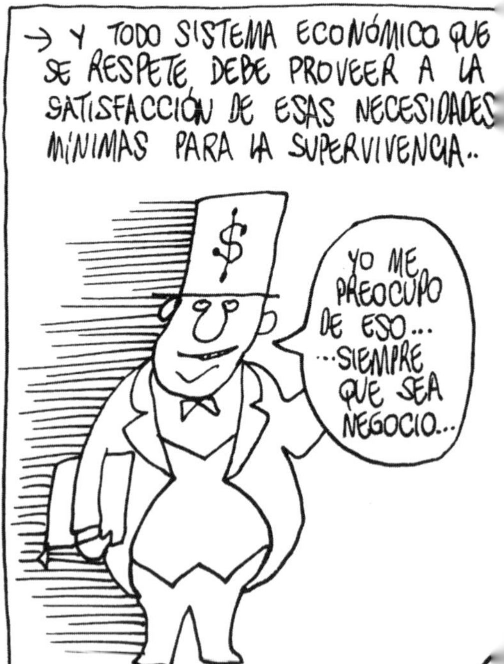
Y TODO SISTEMA ECONÓMICO QUE SE RESPETE DEBE PROVEER A LA SATISFACCIÓN DE ESAS NECESIDADES MÍNIMAS PARA LA SUPERVIVENCIA..
$
YO ME PREOCUPO DE ESO... ...SIEMPRE QUE SEA NEGOCIO...

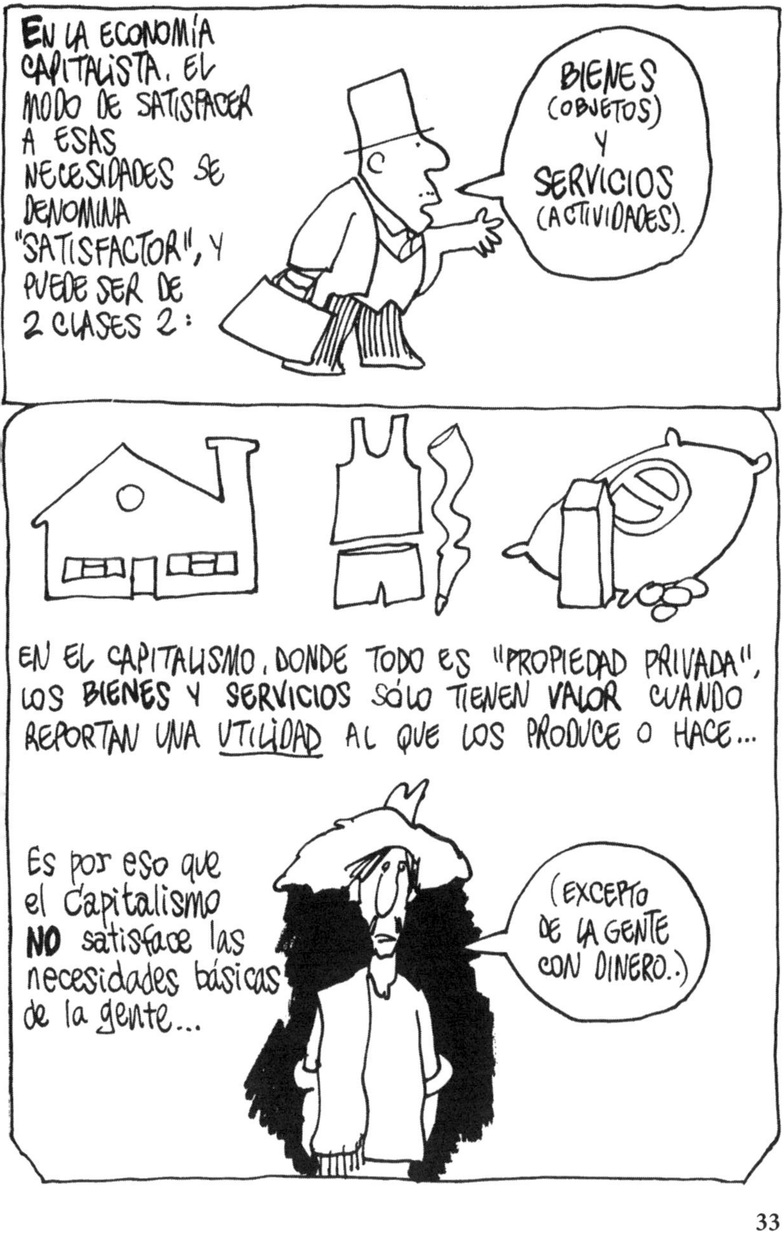
EN LA ECONOMÍA CAPITALISTA, EL MODO DE SATISFACER A ESAS NECESIDADES SE DENOMINA "SATISFACTOR", Y PUEDE SER DE 2 CLASES 2:
BIENES (OBJETOS) Y SERVICIOS (ACTIVIDADES).
EN EL CAPITALISMO, DONDE TODO ES "PROPIEDAD PRIVADA", LOS BIENES Y SERVICIOS SÓLO TIENEN VALOR CUANDO REPORTAN UNA UTILIDAD AL QUE LOS PRODUCE O HACE...
Es por eso que el Capitalismo NO satisface las necesidades básicas de la gente...
(EXCEPTO DE LA GENTE CON DINERO.)

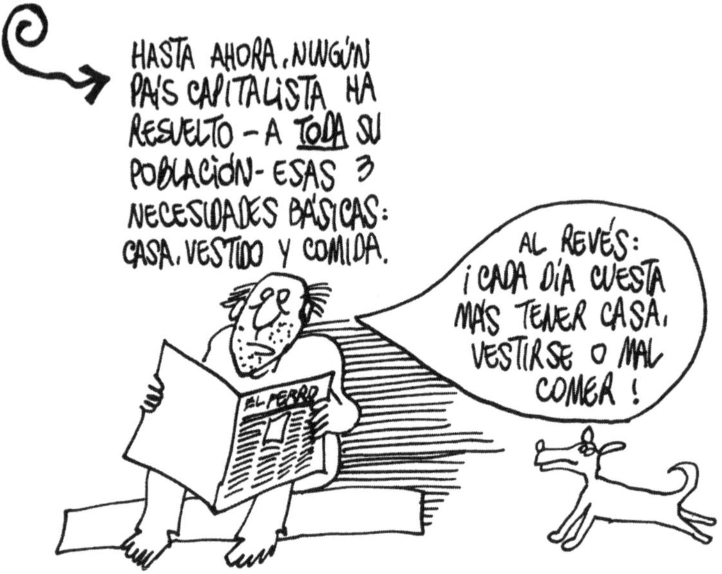
HASTA AHORA, NINGÚN PAÍS CAPITALISTA HA RESUELTO —A TODA SU POBLACIÓN— ESAS 3 NECESIDADES BÁSICAS: CASA, VESTIDO Y COMIDA.
AL REVÉS: ¡CADA DÍA CUESTA MÁS TENER CASA, VESTIRSE O MAL COMER!
EL PERRO

PORQUE ESE SISTEMA NO TIENE COMO OBJETIVO RESOLVER LAS NECESIDADES, SINO HACER DINERO.

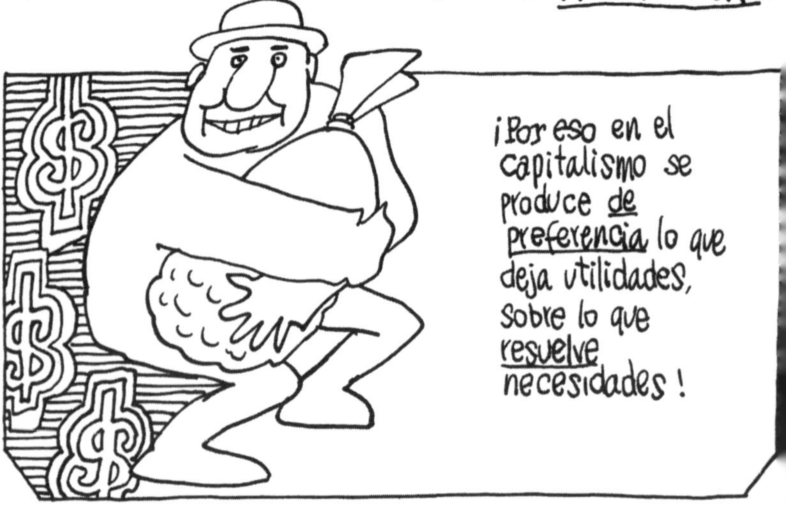
¡Por eso en el capitalismo se produce de preferencia lo que deja utilidades, sobre lo que resuelve necesidades!

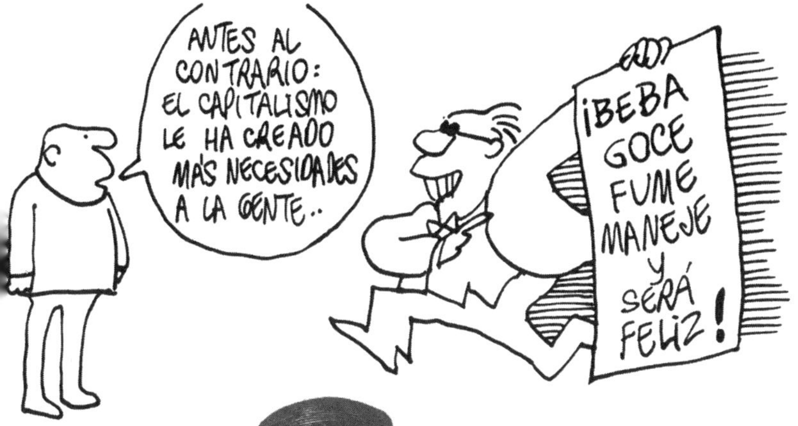
ANTES AL CONTRARIO: EL CAPITALISMO LE HA CREADO MÁS NECESIDADES A LA GENTE...
¡BEBA GOCE FUME MANEJE Y SERÁ FELIZ!

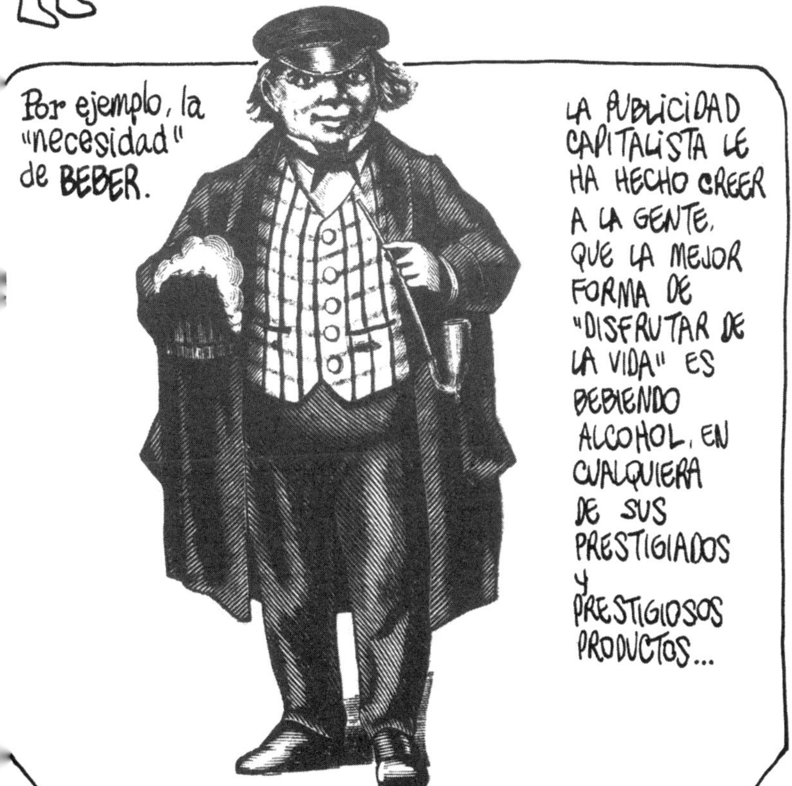
Por ejemplo, la "necesidad" de BEBER.
LA PUBLICIDAD CAPITALISTA LE HA HECHO CREER A LA GENTE, QUE LA MEJOR FORMA DE "DISFRUTAR DE LA VIDA" ES BEBIENDO ALCOHOL, EN CUALQUIERA DE SUS PRESTIGIADOS Y PRESTIGIOSOS PRODUCTOS...

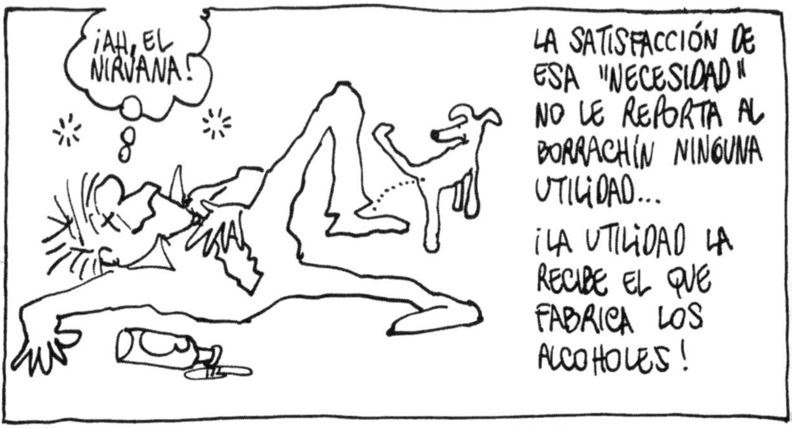
¡AH, EL NIRVANA!
LA SATISFACCIÓN DE ESA "NECESIDAD" NO LE REPORTA AL BORRACHÍN NINGUNA UTILIDAD...
¡LA UTILIDAD LA RECIBE EL QUE FABRICA LOS ALCOHOLES!

Y LO MISMO VA PARA LAS OTRAS "NECESIDADES" CREADAS POR EL CAPITALISMO:

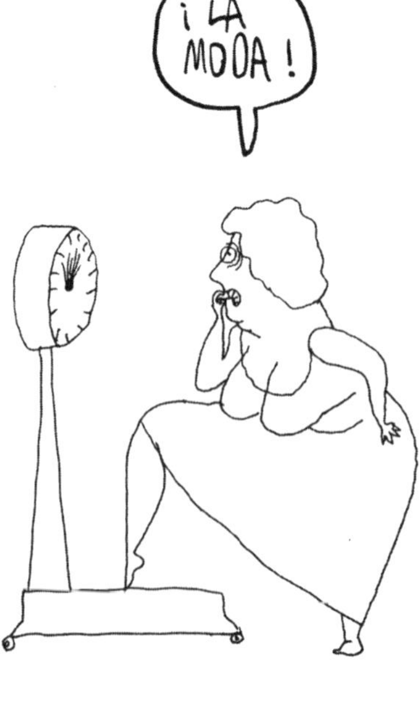
¡LA MODA!

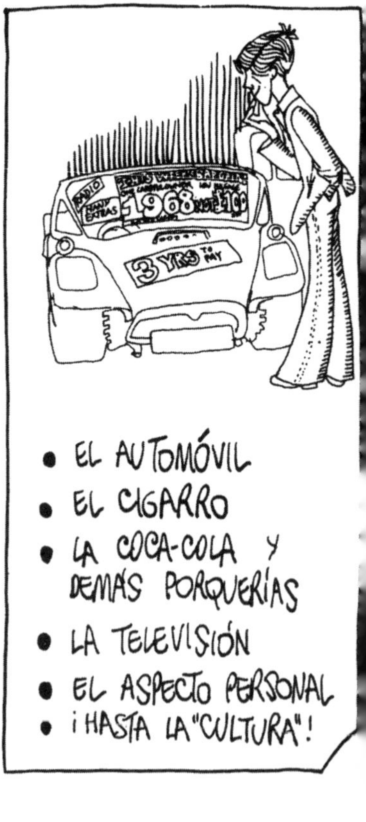
RADIO
1968
3 YRS
• EL AUTOMÓVIL
• EL CIGARRO
• LA COCA-COLA Y DEMÁS PORQUERÍAS
• LA TELEVISIÓN
• EL ASPECTO PERSONAL
• ¡HASTA LA "CULTURA"!

ES DECIR, EL CAPITALISMO HA CONVERTIDO TODO EN **mercancía**.

incluyendo a la MUJER..

PARA CONVERTIRSE EN MERCANCIA "DIGNA" DEL HOMBRE, LA MUJER DEBE PINTARSE, PEINARSE, VESTIRSE, DEPILARSE, PERFUMARSE, CALZARSE, RETOCARSE, REÍRSE, LAVARSE, PROTEGERSE, DORMIRSE, ALIMENTARSE Y MOVERSE, UTILIZANDO LOS PRODUCTOS QUE EL CAPITALISMO LE ORDENA (DISCRETA Y SUBLIMINALMENTE, CLARO..)

¡HORROR: NO HAY EL SHAMPOO QUE NECESITO!

TODO ESTO PARTE DE UNA LEY DE ECONOMÍA QUE DICE:

> Toda mercancía debe cambiarse por dinero, es decir, VENDERSE.

Y PARA SER MERCANCÍA, EL PRODUCTO DEL TRABAJO DEBE SATISFACER UNA NECESIDAD, ES DECIR, SER DE UTILIDAD.

> LUEGO, TODA MERCANCÍA ES UN **VALOR DE USO**.

Pero también es o tiene un **VALOR DE CAMBIO** porque puede cambiarse por otra mercancía...

EXACTO: Y EN EL CAPITALISMO SE LE DA MÁS IMPORTANCIA A LO QUE PUEDE PRODUCIR EN DINERO UNA MERCANCÍA, QUE A LA UTILIDAD QUE PUEDE PRODUCIR...

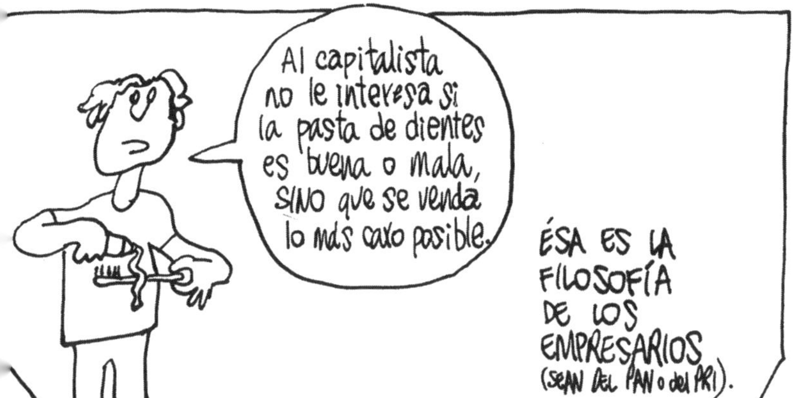

O DICHO EN TÉRMINOS ECONÓMICOS:
PRODUCIR AL MENOR COSTO POSIBLE Y VENDER AL MAYOR PRECIO POSIBLE.
AH, PUES QUE NO COMPREN: ¡NADIE LOS OBLIGA!

EFECTIVAMENTE: NADIE ESTÁ OBLIGADO A COMPRAR UNA MERCANCÍA QUE LE RESULTE MUY CARA...
¡SI NO COMPRA, NO MALLUGUE!
¿PERO QUÉ TAL EN LOS ARTÍCULOS DE PRIMERA NECESIDAD?
LA "LIBERTAD" QUE TIENE LA GENTE PARA COMPRAR O NO, DESAPARECE CUANDO TIENE QUE PAGAR EL ALQUILER DE SU CASA, LA LECHE PARA SUS HIJOS O LOS ZAPATOS Y CALCETINES: EL CAPITALISTA FIJA LOS PRECIOS -EL VALOR DE CAMBIO- SIN IMPORTARLE LA NECESIDAD DE LA GENTE (VALOR DE USO)...

—ANTES QUE SE LA BRINQUEN, YO QUIERO SABER UNA COSA...

—¿CÓMO LE PONEN EL PRECIO A LAS COSAS?

—A LAS <u>MERCANCÍAS</u>, GERTRUDIS: ¡USA LAS PALABRAS EN FORMA CORRECTA!

↳ ANTIGUAMENTE, EL VALOR DE UNA MERCANCÍA SE DETERMINABA <u>COMPARÁNDOLA</u> CON OTRA: UNA VACA VALÍA CINCO CHIVOS O UN SARAPE "VALÍA" DOS PARES DE HUARACHES, DIGAMOS...

—¿CÓMO QUE UN GATO VALE 5 KILOS DE VERDURAS?

—¡ES QUE ES GATO DE ANGORA!

—ACTUALMENTE TODAS LAS MERCANCÍAS SE VALÚAN CON <u>DINERO</u>..

—UNA DE LAS COSAS MÁS COMPLICADAS DEL MUNDO ES PONERLE PRECIO A ALGO...

¿CUÁL ES LA DIFERENCIA EN VALOR —PONGAMOS POR CASO— ENTRE UN DIAMANTE ENCONTRADO POR CASUALIDAD Y UNO HALLADO A MIL METROS DE PROFUNDIDAD?

—Debería valer más el que costó más trabajo.

—¡Pero en el Mercado valen lo mismo!

PORQUE LO QUE SE TOMA EN CUENTA ES SU PESO Y SU CALIDAD, NO LO QUE COSTÓ EN <u>TRABAJO</u>..

Según algunos economistas, el valor de la mercancía NO depende de la <u>cantidad</u> de trabajo invertido, sino del <u>TIEMPO</u> de trabajo empleado en su producción...

—¡UY! ENTONS LAS LECHUGAS DEBÍAN VALER MÁS QUE UN DIAMANTE!

—POS SÍ..

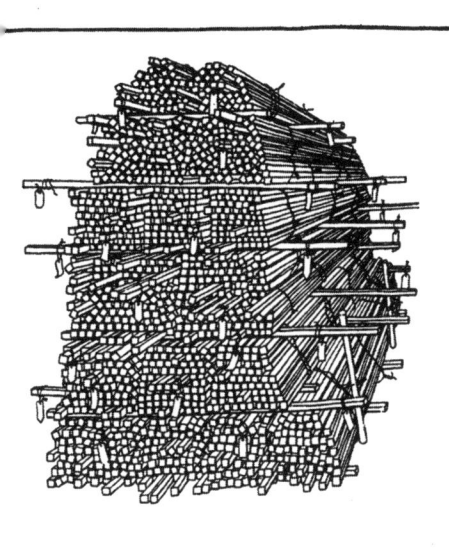

PERO HAY MUCHOS OTROS FACTORES QUE HAY QUE TOMAR EN CUENTA:

- EL TIPO DE TRABAJO
- LAS CONDICIONES EN QUE SE LLEVA A CABO
- LA HABILIDAD DEL TRABAJADOR
- EL COSTO DE LA MATERIA PRIMA EMPLEADA
- LA PREPARACIÓN DEL TRABAJADOR

¿Por qué cobra más el arquitecto que todos los albañiles?

Porque yo tuve que estudiar, mano..

- EL COSTO DE LA MANO DE OBRA
- EL COSTO DE LA PROPAGANDA Y PUBLICIDAD
- LOS IMPUESTOS, LA RENTA DEL LOCAL, EL SEGURO, EL SINDICATO...

—¿ENTONCES CÓMO HACE UN ECONOMISTA PARA PONERLE PRECIO A UNA MERCANCÍA?

A la mera hora, ni los Economistas, ni los Obreros, ni las Autoridades PUEDEN ponerle precio a una mercancía, porque por lo general **YA LO TIENE**, se lo pusieron en la **Bolsa** de Valores de Londres, New York o Tokio..

—LO VEMOS CON EL PETRÓLEO, EL CAFÉ, EL ALGODÓN..

—¡LOS PODEROSOS BANQUEROS SON LOS QUE PONEN LOS PRECIOS!

SI UN INDUSTRIAL DECIDE MUY OPTIMISTA FABRICAR UN NUEVO TIPO DE AUTOMÓVIL, TENDRÁ QUE PONERLE EL PRECIO, NO DE ACUERDO A **SUS** COSTOS, SINO DE ACUERDO A CÓMO ESTÉN LOS PRECIOS EN EL MERCADO INTERNACIONAL, A CÓMO ESTÉ EL DÓLAR O SEGÚN VAYA LA GUERRA EN EL MEDIO ORIENTE...

POR ESO -EN PARTE- EN EL CAPITALISMO TODO SUBE DE PRECIO CONSTANTEMENTE: LOS ESPECULADORES INTERNACIONALES, EL CAPITAL INTERNACIONAL, NO PUEDEN PERDER DINERO...

Pues no: en el capitalismo el Dinero lo es TODO: motor, corazón, alma y motivación.

— Y A PROPÓSITO... ¿QUIÉN DECIDE LO QUE VALE EL **dinero**?

— ¡ESO! ¿Y POR QUÉ VALE MÁS UN DÓLAR QUE UN PESO?

Antes de entrar a tan complicado tema, sugerimos al lector un round de descanso para tomar aire y refrescar las meninges.

(AQUÍ VA EL ROUND DE DESCANSO)

3 el dinero

En la Sociedad Capitalista el DINERO lo es todo:

- ES MEDIDA DE VALOR
- ES MEDIO DE CIRCULACIÓN
- ES MEDIO DE ACUMULACIÓN
- ES MEDIO DE PAGO, Y
- ES DINERO MUNDIAL.

EL PRIMER DINERO QUE USÓ EL HOMBRE TENÍA PATAS →

En los tiempos homéricos el ganado sirvió como PATRÓN DE VALOR, y la propia palabra "PECUNIARIO" viene del latín **pecunia**, que significa dinero; la cual a su vez procede de **pecus** = ganado. El ganado fue la primer forma de dinero que usó el hombre.

OTROS PUEBLOS UTILIZARON COMO DINERO ALGUNAS CONCHAS, OTROS, CLAVOS DE METAL O FIGURAS TAMBIÉN METÁLICAS, O EL SIMPLE METAL, GENERALMENTE EL MÁS ESCASO O RARO.

EL PRIMER DINERO EN FORMA DE MONEDA SE HIZO —AL PARECER— EN CHINA POR EL SIGLO XI ANTES DE CRISTO.

PERO FUERON LOS JUDÍOS LOS QUE REALMENTE CREARON UN SISTEMA MONETARIO, ACAPARANDO LOS METALES MÁS USADOS PARA FABRICAR **DINERO**...

> ORO, PLATA, COBRE..

.. FUERON LOS JUDÍOS LOS QUE HICIERON LOS BANCOS, CREARON LOS BILLETES, INVENTARON LAS LETRAS DE CAMBIO, LOS PAGARÉS Y LOS CHEQUES... ES DECIR, FUERON LOS PRIMEROS **USUREROS** E INVENTORES DEL **INTERÉS**...

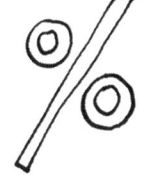

(Y ESTO NO ES ANTI-SEMITISMO, CONSTE)

VAMOS, TE PRESTO ESOS 10 DUCADOS, PERO ME PAGAS 15 EN UN MES..

PERO VAMOS A REGRESAR AL DINERO: las monedas, en un principio, valían lo que pesaban, y su circulación era libre, era dinero-mercancía.

¡Tierra!

¡ORO!

EL DESCUBRIMIENTO DE AMÉRICA Y SU POSTERIOR SAQUEO LLEVARON A EUROPA TAL CANTIDAD DE ORO Y PLATA, QUE BAJÓ SU VALOR Y SE EMPEZARON A UTILIZAR SUSTITUTOS DEL DINERO: LOS BILLETES DE BANCO, EMITIDOS POR PARTICULARES..

PARTICULARES QUE RECIBÍAN DE LOS REYES LA CONCESIÓN DE FABRICAR DINERO.

DINERO QUE REPRESENTABA AL METAL, QUE TENÍA EL RESPALDO DEL ORO Y LA PLATA DEPOSITADOS EN EL BANCO: SI LOS BANCOS TENÍAN OCHO MIL KILOS DE ORO, LOS BILLETES QUE EMITÍAN DEBÍAN VALER LOS OCHO MIL KILOS Y NO MÁS..

Con el tiempo, fueron los Gobiernos los encargados de la emisión de monedas y billetes, por los abusos cometidos por los particulares.

También con el tiempo, fue imposible tener el respaldo de oro y plata, y se estableció otro sistema monetario.

ACTUALMENTE, EL DINERO MUNDIAL ES UN CAOS, PROPICIADO POR LAS POTENCIAS IMPERIALISTAS Y CAPITALISTAS PARA MANTENER SU DOMINIO SOBRE EL MUNDO SUBDESARROLLADO.

INSISTO: ¿Por qué vale más un dólar que un peso?

PORQUE MI ECONOMÍA ESTÁ MEJOR QUE LA MEXICANA..

ni hablar..

Pero.. ¿y la economía de JAPÓN? ¿POR QUÉ EL DÓLAR VALE MÁS QUE EL YEN JAPONÉS..?

> ¿POR QUÉ MI RUBLO NO VALE NADA EN NEW YORK O LONDRES O BONN?

← Si de hecho la economía de la URSS es la segunda del mundo...

¿POR QUÉ VALE MÁS LA MONEDA DE GUATEMALA QUE LA DE MÉXICO?

LOS EXPERTOS DICEN QUE LAS MONEDAS DE UN PAÍS PIERDEN SU VALOR ADQUISITIVO CUANDO HAY INFLACIÓN EN ESE PAÍS.

ES DECIR, CUANDO LOS PRECIOS AUMENTAN MÁS RÁPIDAMENTE EN UN PAÍS QUE EN SUS SOCIOS COMERCIALES, SU MONEDA PIERDE VALOR PUES SUS PRODUCTOS RESULTAN MUY CAROS EN EL EXTERIOR.

TAL OCURRIÓ CON LA **LIBRA INGLESA**: DEJÓ DE TENER DEMANDA Y BAJÓ SU VALOR ADQUISITIVO FRENTE A OTRAS MONEDAS MÁS "FUERTES"...

No entiendo nada, pero me imagino que a todos les pasa lo mismo...

¿Y EL DOLAR...?

¿EL DÓLAR? EN EFECTO: ¿A QUÉ OBEDECE QUE EL DÓLAR AMERICANO SEA LA MONEDA MÁS FUERTE?

ELLO SE DEBE A QUE LOS ESTADOS UNIDOS SON LOS DUEÑOS DEL BALÓN.. Y EN CONSECUENCIA LOS QUE DICTAN LAS REGLAS DEL JUEGO.

ESTADOS UNIDOS FUE EL VENCEDOR ABSOLUTO DE LA SEGUNDA GUERRA MUNDIAL: NO TUVO CASI BAJAS, NO FUE BOMBARDEADO, NI INVADIDO, NI SU ECONOMÍA FUE DESTRUIDA, NI TUVO QUE CEDERLE A NADIE UN CENTÍMETRO DE TERRITORIO.

AL CONTRARIO:

ESTADOS UNIDOS SE HIZO DE MÁS TERRITORIOS, DE MÁS POBLACIÓN, SE QUEDÓ CON MÁS INDUSTRIAS, CONTROLÓ MÁS COMERCIO Y SE LLEVÓ TODO EL ORO DE EUROPA, CON LO QUE SE COBRÓ LA "AYUDA" A EUROPA PARA SU RECONSTRUCCIÓN.
NINGÚN OTRO PAÍS GANÓ TANTO INVIRTIENDO TAN POCO...

ADEMÁS, LOS IMPERIOS COLONIALES DE FRANCIA, INGLATERRA, JAPÓN, ALEMANIA, BÉLGICA Y HOLANDA DESAPARECIERON, PASANDO EN BUENA PARTE A MANOS DE ESTADOS UNIDOS..

..Y LAS COLONIAS ERAN LA BASE DE NUESTRAS ECONOMÍAS..

..Y TRONANDO LAS ECONOMÍAS, TRONARON OBVIAMENTE LAS MONEDAS...

Y QUEDÓ -LÓGICAMENTE- EL DÓLAR COMO SU MAJESTAD...

Y LOS ESTADOS UNIDOS COMO DICTADOR ÚNICO DE LA ECONOMÍA, EL COMERCIO Y LA POLÍTICA MUNDIALES.

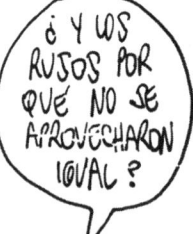

¿Y LOS RUSOS POR QUÉ NO SE APROVECHARON IGUAL?

LA URSS LLEVÓ EL MAYOR PESO DE LA GUERRA: 40 MILLONES DE MUERTOS Y SU ECONOMÍA DESTROZADA CASI POR COMPLETO... (IGUAL SUS CIUDADES...)

—NO HAY PROBLEMA: ¿PARA CUÁNDO SON LOS ~~AMIGOS~~ BANQUEROS?

CUANDO LOS **U.SA.** DECIDIERON "AYUDAR" A EUROPA EN SU RECONSTRUCCIÓN PRESTÁNDOLES DINERO (CON INTERESES, POR SUPUESTO) Y LA URSS SE NEGÓ A SER AYUDADA EN ESAS CONDICIONES, LOS U.SA. LA SACARON DEL JUEGO...

—¡CORTINA DE HIERRO A LA URSS Y SUS COMPINCHES!

...Y LA URSS QUEDÓ FUERA DE LOS ORGANISMOS FINANCIEROS INTERNACIONALES...

FMI
BID
BANCO MUNDIAL

ORGANISMOS QUE SE CREARON AL FINAL DE LA GUERRA PARA PONER ORDEN EN EL CAOS MONETARIO, Y QUE QUEDARON BAJO EL CONTROL DE LOS BANCOS JUDEO-NORTEAMERICANOS..

POR ESO ES EL DÓLAR LA MONEDA FUERTE PAR EXCELLENCE, QUERIDOS AMIGOS..

IN GOLD WE TRUST.

(Y POR ESO EL MUNDO ENTERO ESTÁ SUFRIENDO SU PEOR CRISIS ECONÓMICA, QUE NO SE RESOLVERÁ EN TANTO NO SE HAGA UNA REFORMA DEL SISTEMA MONETARIO INTERNACIONAL, PARA HACERLO MÁS JUSTO Y EQUITATIVO.. Y MENOS YANQUI..)

Nota → ESTE LIBRO APARECIÓ EN 1983, QUE CONSTE ←

ES URGENTE REFORMAR EL SISTEMA MONETARIO INTERNACIONAL, PORQUE ESTADOS UNIDOS HA CONVERTIDO AL DÓLAR EN UN ARMA DE AGRESIÓN.

Y A LOS ORGANISMOS INTERNACIONALES (BID, FMI, BANCO MUNDIAL) EN CUERPOS DE PRESIÓN CONTRA LOS PAÍSES SUBDESARROLLADOS.

PUES BIEN DECÍA LENIN:

"La mejor forma de destruir un país, sin disparar un solo tiro, es desquiciar su moneda..."

PERO ESTADOS UNIDOS NO SE HA CONTENTADO CON AGREDIR ECONÓMICAMENTE AL MUNDO: TAMBIÉN HA CREADO UN CLIMA DE TERROR Y AMENAZA BÉLICA, CON EL FIN DE "TRONAR" LA ECONOMÍA DE LOS PAÍSES AMENAZADOS...

ESO SÍ ME PARECE MUY EXAGERADO... ¿LO PODRÍAN EXPLICAR?

CON GUSTO, PRIMOR: LOS ESTADOS UNIDOS SE HAN DEDICADO SISTEMÁTICAMENTE A DENIGRAR AL SISTEMA SOCIALISTA PRESENTÁNDOLO -CON EL CONTROL CASI TOTAL DE LOS MEDIOS DE COMUNICACIÓN- COMO UNA AMENAZA A LA PAZ MUNDIAL, COMO UN PAÍS ATEO ENEMIGO DEL CRISTIANISMO

(COMO SI EL CAPITALISMO FUERA MUY "CRISTIANO", ¡COÑO!)

SEGÚN LOS ESTADOS UNIDOS, LOS RUSOS INVADIRÁN EN CUALQUIER MOMENTO EUROPA, HARÁN 20 HIROSHIMAS, SE APODERARÁN DE DISNEYLAND, CRUCIFICARÁN AL PAPA, SE COMERÁN A TODOS LOS NIÑOS Y ESTABLECERÁN EN TODO EL MUNDO UNA DICTADURA PEOR QUE LA DE STALIN...

¡AUXILIO! ¿QUIÉN NOS VA A SALVAR DEL COMUNISMO!?

CREADA LA HISTERIA, MEDIO MUNDO SE HA DEDICADO A ARMARSE HASTA LOS DIENTES (CON ARMAS YANQUIS, POR SUPUESTO), DEDICANDO ENORMES CANTIDADES DE DINERO A COMPRAR AVIONES, TANQUES, BOMBARDEROS, COHETES; CUANDO NO A CREAR SU PROPIA INDUSTRIA BÉLICA...

PERO TAMBIÉN HAN OBLIGADO A MEDIO MUNDO A CEDERLES TERRITORIO PARA SUS BASES MILITARES, A FORMAR PARTE DE SISTEMAS CONTINENTALES DE DEFENSA, A RECIBIR LA "AYUDA" MILITAR YANQUI (QUE NO ES GRATIS, POR SUPUESTO) Y A PEDIR DINERO PRESTADO (A LOS USA) PARA DEFENDERSE...

SÍ: LOS ESTADOS UNIDOS HAN MILITARIZADO AL MUNDO, PERO EN SU PROPIO BENEFICIO, NO PARA "DEFENDERLO" DEL COMUNISMO...

...STOS MILITARES DE LOS PAISES INDUSTRIALES = INGRESO NACIONAL TOTAL DE LOS PAISES EN VIAS DE DESARROLLO

EL MUNDO OCCIDENTAL SE GASTA CADA AÑO MÁS DE **300 MIL MILLONES DE DÓLARES** EN ARMAS E INVESTIGACIÓN MILITAR, EL EQUIVALENTE A LO QUE INVIERTE TODO EL MUNDO EN INVESTIGACIÓN MÉDICA: CON LO QUE CUESTA UN AVIÓN DE GUERRA PUEDE CONSTRUIRSE Y EQUIPARSE UN HOSPITAL...
(EN 1987 LAS COSAS SIGUEN IGUAL)

EL CASO DE CUBA ILUSTRA MEJOR QUE NADA LA CRIMINAL POLÍTICA DE LOS USA CONTRA LOS PAÍSES SUBDESARROLLADOS:

"YO AMO LA PAZ..."

CUBA SE LIBERÓ EN 1959 DE LA DOMINACIÓN YANQUI. (PERO SE DEJÓ DOMINAR POR LOS RUSOS.)

A partir de entonces, los USA no han cesado de atacar —por todas las formas posibles— a Cuba, amenazándola siempre con invadirla y destruirla.

CUBA SE HA VISTO ASÍ OBLIGADA A GASTARSE MILLONES DE DÓLARES EN SU DEFENSA, DÓLARES QUE PODÍAN HABERSE DESTINADO AL DESARROLLO ECONÓMICO...

(Y CON NICARAGUA ESTÁN HACIENDO LO MISMO..)

CHÍN: ¿NO SALDRÍA MÁS BARATO DESHACERNOS DE ESTADOS UNIDOS..
..QUE CREAR UN NUEVO SISTEMA ECONÓMICO MUNDIAL..?
¡CÁLLESE! ¡¡VAN A OÍRLO Y VAN A QUERER VENDERNOS 2 AVIONES DE GUERRA!!

PARECERÁ EXAGERADO DECIRLO, PERO TODA ESTA POLÍTICA AGRESIVA Y CRIMINAL DE PARTE DE ESTADOS UNIDOS SÓLO TIENE UN FIN:
Defender los privilegios de los millonarios.
..CONTRA LOS DERECHOS DE MILLONES DE SERES HUMANOS.

..QUE ES FINALMENTE LO QUE ES EL MENTADO
CAPITALISMO:
LA EXPLOTACIÓN DE MUCHOS PARA BENEFICIO DE POCOS.
¡Palabras! ¡Propaganda comunista! ¡EL CAPITALISMO ES LA LIBERTAD!
Demuestren que el capitalismo es malo y le echo una maldición gratis..
SI QUIEREN ACOMPAÑARNOS TRATAREMOS DE DEMOSTRARLO

4 el sistema

¿CÓMO ESTÁ ORGANIZADO EL SISTEMA CAPITALISTA DE PRODUCCIÓN?
(Y DE EXPLOTACIÓN)

Un sistema económico —de cualquier color— es la organización para producir, intercambiar y consumir todo tipo de bienes y servicios...

> La base de todos los sistemas es la producción..

Y en torno a la producción se dan las <u>variantes</u> de cada sistema, que son:

> ¿Qué producir?
>
> ¿Cómo producir?
>
> ¿Para quién producir?

¿QUÉ PRODUCIR?

— ¡Hombre, pues lo que deje dinero!

— ¿Y por qué no mejor lo que haga falta?

Como ya medio vimos anteriormente, el Sistema Económico Capitalista prefiere enfocar la PRODUCCIÓN hacia cosas lucrativas, de fácil venta...

— NO PAGUE OCHENTA PESOS, NO PAGUE LUJOS: ¡AHORA, POR SÓLO 10 PESOS, SU E.T.!

ES INCREÍBLE LA ENORME CANTIDAD DE RECURSOS QUE EN LOS SISTEMAS CAPITALISTAS SE BOTA EN TODO TIPO DE ARTÍCULOS INÚTILES, SIN VALOR ALGUNO, ESPECIALMENTE DEDICADOS A LOS NIÑOS Y LAS MUJERES, QUE SON LOS MEJORES CLIENTES DEL CAPITALISMO...

NEW! CON SABOR A PAPAYA!!

¡Y AHORA UN SHAMPOO QUE LE DEJA EL PELO COMO A LAS ESTRELLAS DE HOLYWOOOOD!

EL DESPERDICIO INCREÍBLE DE MATERIAS PRIMAS -COMO EL PETRÓLEO Y SUS DERIVADOS- EN ARTÍCULOS SUPERFLUOS, DE CORTA DURACIÓN, DESTINADOS A CREAR "COMODIDAD", ORNATO O EL SIMPLE GUSTO DE TENERLOS EN CASA, ES CRIMINAL...

¡Producimos 836 variedades de papeles para envolver regalos!

PERO NO SE CONSIGUE PAPEL PARA UN LIBRO DE BIOLOGÍA...

LA INDUSTRIA FARMACÉUTICA ES EL EJEMPLO TÍPICO DE LA PRODUCCIÓN CAPITALISTA ⇒→

«¡LO ÚLTIMO EN JARABE PARA LA TOS, CON PENICILINA, ASPIRINA Y LIDUVINA!»

UN MISMO MEDICAMENTO PARA UN MISMO MAL, SE PRODUCE EN OCHENTA PRESENTACIONES DIFERENTES, CON OCHENTA DIFERENTES NOMBRES, POR 80 DISTINTOS LABORATORIOS...

PARA PODER VENDER UNO DE ESOS MEDICAMENTOS ANTES O MEJOR QUE LOS OTROS 79, EL PRODUCTOR TIENE QUE INVERTIR UN DINERO EXTRA EN DARLO A CONOCER, EN PONERLE UNA PRESENTACIÓN MÁS VISTOSA, EN "COMPRAR" AL MÉDICO PARA QUE LO RECETE DE PREFERENCIA...

«¡Y, CLARO, EL MEDICAMENTO SUBE DE COSTO ENORMEMENTE!»

¿Quién paga la diferencia?
→ EL CONSUMIDOR...

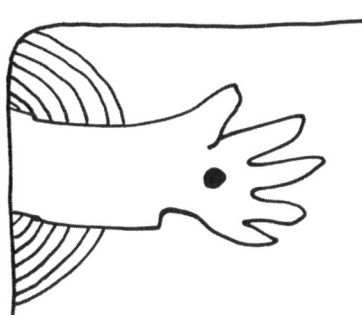

Y UN PRODUCTO QUE PODRÍA VENDERSE EN UN PESO, TIENE QUE COMPRARSE EN 20 DEBIDO A LOS COSTOS DE PUBLICIDAD, ENVOLTURA, DISTRIBUCIÓN, CHANTAJES Y DEMÁS MÉTODOS CAPITALISTAS...

las pastas de dientes valen como otro ejemplo

Porque además, la competencia entre los 80 productores NO es por ver quién vende más barato su producto, sino simplemente por ver quién <u>VENDE MÁS</u>..!

¡SI NO QUÉ CHISTE!

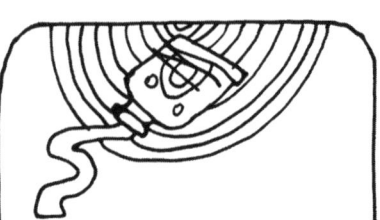

LOS DEFENSORES DE ESTE SISTEMA DE PRODUCCIÓN —SISTEMA DEL DESPERDICIO— ADUCEN QUE ES EL MEJOR PORQUE ES EL MÁS <u>LIBRE</u>.

> ¡EL PRODUCTOR DEBE TENER LA LIBERTAD DE PRODUCIR LO QUE MÁS LE CONVENGA!

→ Y LLEGAN AL CINISMO O DESFACHATEZ DE AFIRMAR QUE EL ALTO NIVEL DE VIDA DE UN PAÍS <u>NO</u> SE MIDE POR LA PRODUCCIÓN DE BIENES NECESARIOS, SINO POR LA DE BIENES <u>SUNTUARIOS</u>...

> "...cuya producción es necesaria para crear más empleos y una mayor circulación de la riqueza" (?) *

*LUIS PAZOS
Ciencia y Teoría Económica.

LO QUE MÁS ATACAN LOS CAPITALISTAS DEL SISTEMA SOCIALISTA, ES QUE -DICEN- EN ESE SISTEMA **NO** HAY **LIBERTAD**

¡EL HOMBRE * DEBE TENER LIBERTAD PARA DECIDIR QUÉ PRODUCIR, LIBERTAD PARA DECIDIR CUÁNTO VA A PAGAR, A QUIÉN EXPLOTAR, A CÓMO VENDER, CUÁNTO GANAR!

(* LE FALTÓ DECIR "EL HOMBRE RICO")

El Sistema Capitalista -llamado también "DE LIBRE EMPRESA" en su nombre lleva la fama: LIBERTAD PARA EL EMPRESARIO, MANOS LIBRES PARA QUE LOS PATRONES INCREMENTEN SU CAPITAL...

¡EL CAPITALISMO NO TIENE OTRA FILOSOFÍA!

(O QUIZÁS SÍ TENGA UNA FILOSOFÍA MÁS: FOMENTAR EN EL SER HUMANO EL **EGOÍSMO**, PREDICANDO EL PREDOMINIO DE LA **PROPIEDAD PRIVADA** SOBRE EL **BIENESTAR COMÚN**...)

Ande, yo caliente, y ríase la gente...

MINIOS S.A.
Su casa propia por un módico enganche de 2 MILLONES de pesos!!

EL CAPITALISMO PREDICA LA PROPIEDAD PRIVADA COMO LO MÁXIMO DE ESTA VIDA, EMPUJANDO AL HOMBRE A LA **POSESIÓN** DE COSAS COMO EL IDEAL DE SU VIDA: EL QUE A LOS 40 AÑOS NO HA LOGRADO "TRIUNFAR" Y TENERLO "TODO", ES UN POBRE DIABLO...

¡¡ ES **MÍO** Y NADIE TIENE UNO IGUAL !!

¿Qué es?

Un pedazo de pared de la casa que orinó el perro de Napoleón...

EL CAPITALISMO NO ES MÁS QUE UNA VULGAR COMPETENCIA PARA VER QUIÉN HACE MÁS DINERO, QUIÉN TIENE MÁS CASAS, QUIÉN TIENE MÁS AUTOMÓVILES, MÁS RIQUEZAS Y MEJORES <u>COSAS</u>...

RESULTA PUES CURIOSO QUE EL CAPITAL ACUSE DE "ATEO E IRRELIGIOSO" AL SOCIALISMO PORQUE ÉSTE SEA ENEMIGO DE LA PROPIEDAD PRIVADA, LA CAUSANTE PRINCIPAL DE LA MISERIA, LA INJUSTICIA, LAS GUERRAS Y LOS ROBOS...

SIN IMPORTAR QUE MILLONES DE PAISANOS SE MUERAN DE HAMBRE...

..QUE ES LO QUE MEJOR PRODUCE EL CAPITALISMO..

¡Lo más contrario a Cristo es el capitalismo!

— BUENO, YA SE ACLARÓ LA PRIMERA CUESTIÓN DEL QUÉ PRODUCIR..
— RESPUESTA: LO QUE DEJE DINERO..

— ¿CUÁL ERA LA SEGUNDA CUESTIÓN?
— ¡POS CÓMO PRODUCIR, PILIGONIO!

EL CÓMO PRODUCIR, DENTRO DE UN SISTEMA CAPITALISTA, CONSISTE EN PRODUCIR LAS MERCANCÍAS AL MENOR COSTO POSIBLE... (AUNQUE ACABANDO CON LA ECOLOGÍA DEL PLANETA).

sobre todo en tiempos de austeridad..

PARA LOGRAR UN MÍNIMO DE COSTO, EL SISTEMA CAPITALISTA TIENE QUE RECURRIR A TODAS LAS POSIBLES POSIBILIDADES, TENDIENTES A LOGRAR EL NECESARIO AHORRO:

"PAGARLES A LOS OBREROS LO MÍNIMO POSIBLE.."

"(..Y CON LOS MENOS POSIBLES)"

"HACERLOS TRABAJAR LO MÁS POSIBLE.."

"(PENSANDO -CLARO- QUE EL TRABAJO DIGNIFICA AL HOMBRE..)"

"CONSEGUIR LAS MATERIAS PRIMAS LO MÁS BARATO POSIBLE...Y PAGAR LOS IMPUESTOS LO MENOS POSIBLE.."

EN SUMA, AHORRAR LO MÁS POSIBLE EN TODOS LOS RENGLONES DE LA PRODUCCIÓN: COMPRAS, SALARIOS, PRESTACIONES, IMPUESTOS, CONDICIONES DE TRABAJO, MORDIDAS, JUBILACIONES, DESPIDOS, ETC.

— CLARO: PARA PODER DAR LA MERCANCÍA LO MÁS BARATA POSIBLE, ¿VERDAD?

— ¿QUEEÉ? ¿ES USTED UNO DE ESOS CURAS COMUNISTAS..?

POR LÓGICA UNO PENSARÍA QUE TANTO AFÁN DE AHORRO ES PARA PODER VENDER MÁS BARATO... ¡PERO FÍJENSE QUE NO!

— ¡A MENOR COSTO, MAYOR <u>GANANCIA</u>!

↓

EL MODO DE PRODUCCIÓN CAPITALISTA NO ESTÁ BASADO EN PROTEGER AL OBRERO PARA QUE TRABAJE A GUSTO Y VIVA BIEN... SINO TODO LO CONTRARIO,

↓

en sacarle todo el jugo posible.

Desde luego, la ciencia ha avanzado una barbaridad, y las condiciones de trabajo ya no son las mismas que cuando Marx planteó la lucha contra la explotación del hombre por el hombre...

¿O SEA QUE MI TRABAJO SIRVIÓ DE ALGO?

BASTANTE, DON CARLITOS: GRACIAS A LA LUCHA SOSTENIDA EN TORNO A SU TRABAJO (QUE CULMINÓ CON EL ESTABLECIMIENTO DEL SOCIALISMO EN RUSIA), LA EXPLOTACIÓN DEL OBRERO SE HA SUAVIZADO...

¡SI **HASTA** LA IGLESIA SE CONTAGIÓ DE MARXISMO!

(LA IGLESIA, PARA DECIRSE **CRISTIANA**, DEBÍA SER SOCIALISTA-MARXISTA).
→ EL CAPITALISMO SE HA HUMANIZADO UN POCO (SÓLO EN ALGUNOS PAÍSES AVANZADOS) Y LOS OBREROS HAN LOGRADO ARRANCARLE A LA CLASE BURGUESA ALGUNAS BUENAS MIGAJAS DEL PASTEL DE LA PLUSVALÍA... PERO EN ESENCIA EL CAPITALISMO SIGUE SIENDO EL MISMO.

Sospecho que mi patrón judío no ha leído a Marx..

ÁFRICA, ASIA O AMÉRICA LATINA, NO SON COMO EUROPA, JAPÓN O ESTADOS UNIDOS: EL CAPITALISMO EN LOS PAÍSES SUBDESARROLLADOS SIGUE SIENDO UN MODELO DE EXPLOTACIÓN DIGNO DE UNA TESIS DE MARX...

EN ALGUNOS PAÍSES HAN COMPRENDIDO QUE EXPLOTANDO AL OBRERO NO AYUDA MUCHO A LA PRODUCCIÓN, Y QUE TENIÉNDOLO DESCONTENTO NO TRABAJA IGUAL QUE TENIÉNDOLO MEJOR PAGADO Y CON MEJORES CONDICIONES: <u>LA PRODUCTIVIDAD AUMENTA AL DESCENDER LA EXPLOTACIÓN</u>...

SOCIALISMO

(Y SOBRE TODO, EL TEMOR AL INFIERNO NO ES TAN EFECTIVO COMO EL MIEDO AL SOCIALISMO)

SÓLO IDIOTAS CONGÉNITOS COMO EL REAGAN O LA KIRPATRICK NO ENTIENDEN QUE LA <u>EXPLOTACIÓN</u> ES LA QUE LLEVA A LOS PUEBLOS AL SOCIALISMO, NO LOS DISCURSOS DE LOS JERARCAS DE MOSCÚ, DICHO SEA CON PERDÓN DEL MAESTRO MARX...

¿ LO ENTENDERÁ EL PRI ?

('CTM' QUE NO MUCHO..)

ESTE ROLLO NOS LLEVA A LA TERCERA CUESTIÓN DEL MODO DE PRODUCCIÓN CAPITALISTA:

¿PARA QUIÉN PRODUCIR?

EN LA ECONOMÍA DE MERCADO (ALIAS CAPITALISMO) SE PRODUCE PARA EL QUE TIENE EL DINERO NECESARIO PARA COMPRAR LAS MERCANCÍAS: ASÍ DE SENCILLA ES LA CUESTIÓN...

⇨ ES DECIR, EL PRODUCTOR CAPITALISTA NO PIENSA EN SATISFACER LAS NECESIDADES DEL CONSUMIDOR EN GENERAL, SINO ÚNICAMENTE EN SATISFACER LAS DEL QUE TENGA PODER DE COMPRA: LAS TIENDAS ESTÁN LLENAS DE COSAS, PERO MUY POCOS LAS PUEDEN ADQUIRIR...

LO IMPORTANTE PARA EL CAPITALISMO ES **CREAR RIQUEZA**, NO PREOCUPARSE POR **REPARTIRLA** CON JUSTICIA..

¿..Y ENTONCES QUIÉN SE ENCARGA DE QUE ESA RIQUEZA —PRODUCIDA POR TODOS— SEA REPARTIDA EQUITATIVAMENTE?

AHÍ ES DONDE LOS DEFENSORES DEL SISTEMA SE HACEN PELOTAS POR NO QUERER RECONOCER EL PAPEL DEL ESTADO COMO DISTRIBUIDOR DE LA RIQUEZA... SÓLO DICEN QUE "LA RIQUEZA ESTARÁ MEJOR DISTRIBUIDA CUANTA MÁS EXISTA EN EL MERCADO". (?)

¡Sí: hay riqueza en el mercado, pero no en mis bolsillos!

ES NATURAL QUE EL CAPITALISMO NO TENGA UNA SOLUCIÓN A ESE PROBLEMA... ¿POR QUÉ?

BÁSICAMENTE, PORQUE EN LA NATURALEZA DEL CAPITALISMO **NO** ESTÁ INCLUIDA ESA PREMISA...

Y LAS SOLUCIONES QUE EN ALGUNOS PAÍSES HAN ADOPTADO PARA DISTRIBUIR LA RIQUEZA, HAN SIDO TOMADAS DEL SOCIALISMO...

TANTO EN INGLATERRA, JAPÓN, ALEMANIA, FRANCIA, COMO EN LOS MISMOS ESTADOS UNIDOS...

MEDIDAS COMO LA SEGURIDAD SOCIAL, EL REPARTO DE UTILIDADES, EL CONTROL DE PRECIOS, EL CONTROL DE CAMBIOS, LAS EMPRESAS ESTATALES, LA COGESTIÓN, LOS BANCOS CENTRALES, ETC., HAN SIDO ADOPTADAS DEL SOCIALISMO EN MUCHOS PAÍSES CAPITALISTAS...

SURGIENDO ASÍ UN SISTEMA HÍBRIDO LLAMADO "de Economía Mixta".

ES DECIR, SISTEMAS DONDE EL ESTADO Y LA INICIATIVA PRIVADA COMPARTEN LA PRODUCCIÓN, LA DISTRIBUCIÓN, LA VENTA Y LAS GANANCIAS...

Y LA CORRUPCIÓN, COMO EN MÉXICO...

—¿Y funcionan bien esas economías mixtas..?

—Bueno: si tomamos a México como ejemplo, ¡pos no!

Pero si tomamos a Suecia, podríamos decir que sí... aunque en Suecia hay más socialismo que capitalismo, y sobre todo porque allá hay algo que acá todavía no conocemos:

Honestidad..

Educación..

..y democracia.

México es un país riquísimo —más rico que Japón, Alemania, Inglaterra o Suecia— y sin embargo somos un país subdesarrollado...

¿POR QUÉ?

Somos un país en quiebra, porque en México no existe la democracia

↓

La ausencia de democracia propicia la corrupción, la ineficacia, la burocracia y el abuso del poder

↓

Sólo saldremos adelante cuando tengamos democracia, no demagogia.

REFORMA POLITICA

HELIOFLORES

¡ESO, ESO ES LO QUE FALTA EN MÉXICO: LI-BER-TAD!

¡LIBERTAD DE EMPRESA! ¡LIBERTAD DE CAMBIOS! ¡LIBERTAD DE PRECIOS! ¡LIBERTAD DE COMERCIO!

(LIBERTAD PARA ACABAR CON LOS RÍOS Y BOSQUES Y ANIMALES Y PLANTAS...)

¡MOMENTO, FRENEN SU CARRO!
LOS CRÍTICOS DE LA DERECHA, LOS SEUDO ECONOMISTAS VOCEROS DEL CAPITALISMO MEXICANO, ATRIBUYEN EL FRACASO ECONÓMICO DEL PAÍS AL "SOCIALISMO" QUE —SEGÚN ELLOS— HAN PRACTICADO LOS ÚLTIMOS GOBIERNOS...

¡UTA: A CUALQUIER COSA LA LLAMAN GOBIERNO!

¡Y SOCIALISTA! ¡CHES GÜEYES!

ES OBVIO QUE LOS TALES GOBERNANTES NO TUVIERON NADA DE SOCIALISTAS, PERO AL ASÍ CATALOGARLOS BUSCA LA DERECHA DESACREDITAR AL SOCIALISMO...

Y CURARSE EN SALUD, PORQUE LA GRAN BENEFICIADA POR LA CORRUPCIÓN Y LA CRISIS, FUE PRECISAMENTE LA DERECHA, LA BURGUESÍA PUES...

LA AUSENCIA DE UN GOBIERNO DEMOCRÁTICO, DE CÁMARAS INDEPENDIENTES, DE SINDICATOS LIBRES, DE UNA PRENSA INDEPENDIENTE, HA HECHO QUE EL PRESIDENTE SE CONVIERTA EN UN REY AUTORITARIO QUE LO DECIDE TODO SIN TOMAR EN CUENTA LOS INTERESES DEL PAÍS, SIN OÍR CRÍTICAS O SUGESTIONES.

Y POR OTRO LADO, ESA AUSENCIA DE DEMOCRACIA, DE MECANISMOS DE JUSTICIA, HA PROPICIADO LA CORRUPCIÓN Y SU CONSIGUIENTE IMPUNIDAD...

¿FALTA DE LIBERTAD? ¡SI AQUÍ TODOS HACEN LO QUE LES DA LA GANA!

⇨ LA ECONOMÍA MIXTA MEXICANA ES UN CONCUBINATO ENTRE LOS EMPRESARIOS DEL PARTIDO OFICIAL Y LA INICIATIVA PRIVADA...

...que han hecho de México su propiedad privada...

AMBOS, GOBIERNO E INICIATIVA PRIVADA, HAN HIPOTECADO AL PAÍS PARA SAQUEARLO ALEGREMENTE, SACRIFICANDO A OBREROS, CAMPESINOS, INDÍGENAS Y CLASEMEDIEROS, Y CON LA COMPLICIDAD DE LA IGLESIA Y LOS DIZQUE PARTIDOS DE OPOSICIÓN Y LÍDERES CHARROS... ¿O NO?

¿O SEA, QUE EL REPARTO DE LA RIQUEZA HA SIDO MUY LIMITADO?

SÍ: SE HA LIMITADO A LA GRAN FAMILIA REVOLUCIONARIA..

(PERROS INCLUIDOS)

EL MANEJO DE LA RIQUEZA PETROLERA BASTA COMO EJEMPLO DE LO DICHO...

—¡PERO SI EL PETRÓLEO LO HA MANEJADO EL GOBIERNO!

—...Y LOS FERROCARRILES, Y LA LUZ Y UN CHORRO DE EMPRESAS ESTATALES!

—¡PERO LAS HA MANEJADO MAL, ANTIDEMOCRÁTICAMENTE!

LAS EMPRESAS MANEJADAS POR EL ESTADO Y LOS ORGANISMOS DESCENTRALIZADOS DEBERÍAN -EN TEORÍA- SER LA SOLUCIÓN PARA LOGRAR UN USO MÁS RACIONAL Y _JUSTO_ DE LOS MEDIOS DE PRODUCCIÓN, CONTRIBUYENDO ASÍ AL REPARTO MÁS EQUITATIVO DE LA RIQUEZA PRODUCIDA POR _TODOS_...

—A FALTA DE SOCIALISMO DEMOCRÁTICO..

—BAH: EL SOCIALISMO NO FUNCIONA: ¡LO MEJOR ES LA LIBRE EMPRESA!

CUANDO EL ESTADO CONTROLA LAS PRINCIPALES EMPRESAS, EL SISTEMA SE DENOMINA **CAPITALISMO DE ESTADO**.

¿QUÉ VENTAJAS TIENE ESE SISTEMA?

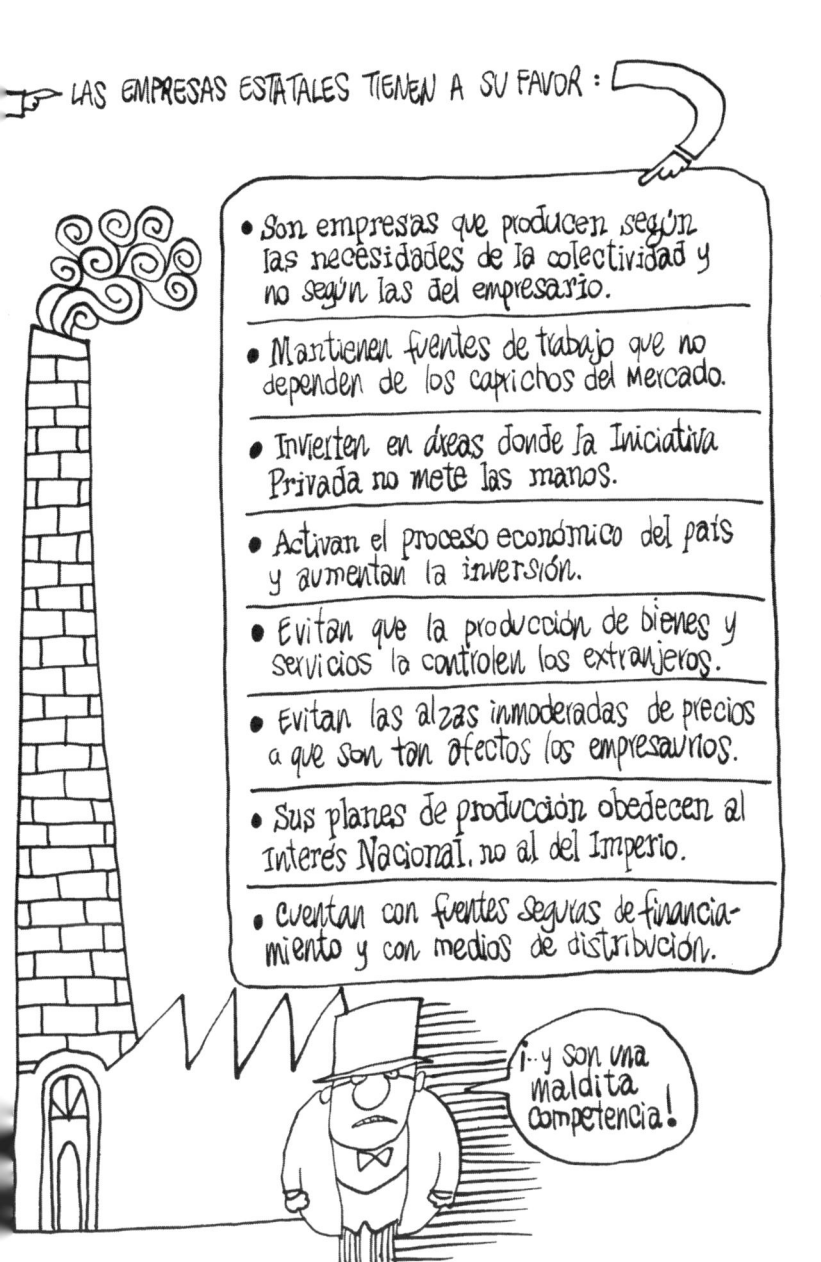

☞ LAS EMPRESAS ESTATALES TIENEN A SU FAVOR:

- Son empresas que producen según las necesidades de la colectividad y no según las del empresario.
- Mantienen fuentes de trabajo que no dependen de los caprichos del mercado.
- Invierten en áreas donde la Iniciativa Privada no mete las manos.
- Activan el proceso económico del país y aumentan la inversión.
- Evitan que la producción de bienes y servicios la controlen los extranjeros.
- Evitan las alzas inmoderadas de precios a que son tan afectos los empresarios.
- Sus planes de producción obedecen al Interés Nacional, no al del Imperio.
- Cuentan con fuentes seguras de financiamiento y con medios de distribución.

¡...y son una maldita competencia!

¡CARAY, POS LUCE BUENO EN EL PAPEL!
¿Y PORQUÉ NO HA FUNCIONADO EN MÉXICO?
¡PORQUE SE MANEJAN CON CRITERIO POLÍTICO, NO ECONÓMICO!
LAS EMPRESAS DESCENTRALIZADAS Y LAS EMPRESAS ESTATALES SE HAN CONVERTIDO EN UN BOTÍN POLÍTICO: LAS MANEJAN (ES UN DECIR) RECOMENDADOS, AMIGOS DEL PRESIDENTE, POLÍTICOS SIN LA MENOR PREPARACIÓN, QUE NO SE PREOCUPAN MÁS QUE DE COBRAR, ROBAR Y COLOCAR A SUS AMIGOS (Y AMIGAS, CLARO) EN BIEN PAGADOS PUESTOS DE CONFIANZA... (ejemplo típico: CONASUPO).
En una palabra: EL CAPITALISMO DE ESTADO -EN MÉXICO- ESTÁ corrompido.
POR LO MISMO DICHO HACE RATO: NO HAY DEMOCRACIA.

¡Pero ese capitalismo de Estado es casi casi comunismo!

Muy cierto: en la URSS es lo mismo: ¡todas las empresas son del Estado!

¡Pero no hay corrupción, cuates!

En México las empresas estatales (que son de clara inspiración socialista) no se manejan como tales, sino como empresas privadas...

¿Y cómo se manejan las empresas privadas...?

- Buscando sólo el lucro de unos cuantos.
- Produciendo artículos que dejen más ganancia, no los más necesarios para la colectividad.
- Explotando a los trabajadores.
- No compitiendo en calidad sino en precio.
- Sirviendo de enriquecimiento ilícito a sus dirigentes, incluidos los sindicales.

¡Tan malo el pinto como el colorao!

TOTAL: QUE LA ECONOMÍA MIXTA MEXICANA NO FUNCIONA...

NO FUNCIONA COMO **DEBÍA** FUNCIONAR, NI EN EL LADO DEL GOBIERNO, NI EN EL LADO DE LOS EMPRESARIOS, PORQUE AMBOS SÓLO SE PREOCUPAN POR **LUCRAR** A COSTILLAS DEL PUEBLO.

¿QUÉ TAL SI NOS VAMOS AL SOCIALISMO?

ÓRALE PUES: AHÍ ESTÁ YA EN LA SIGUIENTE PÁGINA...

5 el socialismo

EL SISTEMA SOCIALISTA DE PRODUCCIÓN ES EL MÁS VIEJO DE LA HUMANIDAD... Y EL MÁS NUEVO AL MISMO TIEMPO...

TANTO EN EL RÉGIMEN PRIMITIVO, COMO EN EL SOCIALISMO CIENTÍFICO, HAY ALGO EN COMÚN:

¡NO EXISTE LA EXPLOTACIÓN DEL HOMBRE POR EL HOMBRE!

> Como ya medio vimos, los sistemas que siguieron al régimen primitivo (esclavista, feudal y capitalista) se basaron en la **PROPIEDAD PRIVADA**...

> ¡Esto es mío!

→ En el Socialismo No existe la Propiedad Privada ←

> ¡Coño: entonces nadie tiene casa propia, ni caballo ni nada!

> ¡Ha dicho el Cura que todos son esclavos del estado y que nadie puede tener su automóvil!

Se han dicho y escrito tantas burradas sobre el régimen socialista, que muy poca gente conoce realmente lo que es el socialismo (o el comunismo, que no es lo mismo, ni mucho menos.) Veamos:

PRIMERO: ¿CÓMO ESTÁ ESO DE QUE NO EXISTE LA PROPIEDAD PRIVADA?
→ EN EFECTO: EN EL SOCIALISMO NO HAY PROPIEDAD PRIVADA SOBRE LOS MEDIOS DE PRODUCCIÓN...
o sea, nadie es "dueño" de las fábricas, de los trenes, de las minas, del petróleo, de las tiendas, los bancos...
PERO SÍ DE SU CASA, SU AUTOMÓVIL, SU ESTÉREO, SUS PROPIEDADES PERSONALES.
TODOS LOS MEDIOS DE PRODUCCIÓN SON PROPIEDAD SOCIAL, DE TODA LA SOCIEDAD, NO DE UNOS CUANTOS.
ASÍ, TODO LO QUE PRODUCE DINERO ES PROPIEDAD COLECTIVA QUE ADMINISTRA EL ESTADO, EN BENEFICIO DE LA COLECTIVIDAD.

¿EN QUÉ CONSISTE EL SOCIALISMO EN TÉRMINOS ECONÓMICOS?

SÍ PUES ¿QUÉ DIFERENCIAS HAY CON EL CAPITALISMO?

CAPITALISMO ↓	SOCIALISMO ↓
Propiedad **Privada** de los Medios de Producción.	Propiedad **Social** de los Medios de Producción.
Planificación individual.	Planificación Central.
Predomina el interés personal o de la Empresa.	Predomina el interés de la Colectividad.
Los precios son fijados por la ley de la oferta y la demanda buscando el lucro.	Los precios se fijan de acuerdo a las <u>necesidades</u> comunes.
Se trabaja en interés a ganar dinero.	Se trabaja para satisfacer las necesidades colectivas.
EXISTE UN SISTEMA MONETARIO.	SE PRETENDE ABOLIR EL DINERO.
Hay libre competencia.	Distribución estatal.

YO

NOSOTROS

MARX, PADRE FUNDADOR DE LA TEORÍA SOCIALISTA, DEDICÓ SU VIDA AL ESTUDIO DE LA SOCIEDAD, NO SÓLO PARA INTERPRETARLA, SINO MÁS QUE NADA <u>PARA CAMBIARLA</u>.

¡Por una sociedad sin CLASES!

MARX DEMOSTRÓ QUE EL CAPITALISMO ERA UN SISTEMA INJUSTO PORQUE SE BASABA EN LA EXPLOTACIÓN DE UNA CLASE (LA CLASE OBRERA) POR OTRA (LA BURGUESÍA).

SÓLO DESAPARECIENDO ESA DIVISIÓN, PODÍA MEJORAR LA SOCIEDAD.

Y SÓLO ACABANDO CON LOS EXPLOTADORES PODÍA ACABARSE CON LA EXPLOTACIÓN: UN RUSO, LENIN, INICIÓ LA REVOLUCIÓN DE LOS OBREROS Y CAMPESINOS CONTRA SUS AMOS BURGUESES...

Lenin fundó en 1917 el primer Estado socialista: la URSS.

POSTERIORMENTE, OTROS PAÍSES ADOPTARON O FUERON "ENCAMINADOS" HACIA EL SOCIALISMO: CHINA, CHECOSLOVAQUIA, MEDIA ALEMANIA, VIETNAM, POLONIA, ALBANIA, CUBA, YUGOSLAVIA, BULGARIA, HUNGRÍA, MONGOLIA, COREA, ARGELIA, ANGOLA, GUINEA, MOZAMBIQUE...

Y OTROS QUE VAN PARA ALLÁ: ETIOPÍA, GRANADA, AFGANISTÁN, BENIN, CABO VERDE, EL CONGO, NICARAGUA, IRAK, IRÁN, KAMPUCHEA, LAOS, EL SAHARA, STO. TOMÁS, SIRIA, SOMALIA, YEMEN, ETC.

(AY.. EL OPTIMISMO FALLIDO)

AMÉN DE OTROS PAISES QUE TIENEN GOBIERNOS "SOCIALISTAS", DONDE SE PRACTICA YA UN SEMI-SOCIALISMO (FRANCIA, GRECIA, SUECIA, ESPAÑA, PORTUGAL, NORUEGA, FINLANDIA), LO QUE NOS DICE QUE MEDIO MUNDO SE ESTÁ VOLVIENDO SOCIALISTA, O AL MENOS NO CAPITALISTA...

¿POR QUÉ?

¿NO DICEN QUE EL SOCIALISMO NO FUNCIONA?

DICEN, TAMBIÉN QUE ESO NO ES SOCIALISMO...

Se dice —y con cierta razón— que el socialismo que se practica en la URSS, China, Polonia, la RDA y demás países llamados socialistas, NO es el que predicó Marx.

Ese señor, que murió hace 100 años...

Pues sí, pero también es cierto que el mundo de 1883 no se parece nada al de 1983, y que la sociedad en la que vivió Marx hace 130 años era muy diferente a la de hoy.

Además se les olvida que Carlos Marx era de carne y hueso...

¡No contaba con un Stalin que echara a perder a la URSS..!

Je, je..

EL ERROR DE MARX, FUNDAMENTALMENTE, FUE EL PENSAR QUE EL SOCIALISMO TRIUNFARÍA PRIMERO EN LOS PAÍSES MÁS DESARROLLADOS... CUANDO HA SIDO TODO LO CONTRARIO: ¡HA SIDO EN LOS PAÍSES MENOS DESARROLLADOS!

No tiene la menor importancia, sino lo demás: ¿ME EQUIVOQUÉ EN LO DEMÁS?

MARX PENSABA QUE BAJO UN SISTEMA SOCIALISTA EL OBRERO, EL TRABAJADOR, VIVIRÍA MEJOR QUE EN EL CAPITALISMO. ¿SE HA LOGRADO ESO?

¿QUÉ ES VIVIR MEJOR?

SEGÚN LA FILOSOFÍA DEL CAPITALISMO, VIVIR ES TENER COSAS, HACERSE RICO, NO IMPORTA CÓMO SE LOGREN ESOS FINES, NI CUÁNTOS LO LOGRAN A COSTILLAS DE CUÁNTOS...

El Socialismo es lo contrario..

EL SOCIALISMO INTENTA, POR MEDIO DE UN MEJOR REPARTO DE LA RIQUEZA, QUE **TODOS** TENGAN ALGO MÁS DE LO NECESARIO, Y QUE LO DISFRUTEN MEJOR, GRACIAS A SUS CONOCIMIENTOS Y SU CULTURA.

En el Socialismo no hay las DIFERENCIAS SOCIALES:
→ NI MUY RICOS
→ NI MUY POBRES

NO HAY MILLONARIOS, NI PATRONES, NI CASATENIENTES, NI TERRATENIENTES, NI LATIFUNDISTAS, NI EX-PRESIDENTES MILLONARIOS, NI BANQUEROS, NI INVERSIONISTAS, NI NOBLES...

Y EN CONSECUENCIA NO HAY LIMOSNEROS, NI DESOCUPADOS, NI MUERTOS DE HAMBRE, NI NIÑOS VENDIENDO CHICLES, NI PROSTITUTAS...

"EN EL SOCIALISMO TODOS SOMOS CLASE MEDIA... (media jodida)"

NI LOS PEORES ENEMIGOS DEL SOCIALISMO PUEDEN NEGAR —A LA LUZ DE LOS HECHOS— QUE LOS PAÍSES SOCIALISTAS HAN LOGRADO RESOLVER LOS PROBLEMAS BÁSICOS DE SUS HABITANTES... Y ALGO MÁS.

→ EN EL SOCIALISMO ACTUAL, TODOS TIENEN ACCESO —GRATIS— A LA EDUCACIÓN EN TODOS SUS NIVELES (HASTA LOS ESTUDIOS UNIVERSITARIOS SON GRATIS); AL SERVICIO MÉDICO —TAMBIÉN GRATUITO—; A VACACIONES PAGADAS, A JUBILACIÓN (Y ESTO INCLUYE TAMBIÉN A LOS CAMPESINOS); A CASA PROPIA CON ALQUILERES QUE NUNCA SUBEN A MÁS DEL 10% DEL SALARIO...

¿EN QUÉ PAÍS CAPITALISTA SE HA LOGRADO ESTO?

(Ni siquiera en México, con todo y gloriosa Revolución Mexicana...)

Sin embargo, cuando la burguesía hace turismo a los países socialistas, regresan quejándose de que "no hay nada que comprar", que la gente hace colas para todo, que las tiendas no están surtidas, que la pasta de dientes sabe feo, que...

—¡Horrible: no encontré nada de Balenciaga y el caviar lo come todo mundo!
—¡Y qué modas: se visten como en 1970!

Desde luego es utópico esperar que la burguesía razone y comprenda la diferencia entre un sistema y otro, y es normal que todo lo midan de acuerdo a su escala de valores tipo supermercado, esperando hallar en Moscú lo mismo que en Dallas.

—¡No me gustó Cuba: no había ni un shampoo en las tiendas!
—¡Ni pestañas postizas!
—¡Ni discos de los Rockin Tootsies!
—¿Y hablaron con algún campesino?

— ¡Y LUEGO ESE RACIONAMIENTO! ¿¡CÓMO PUEDEN ESTAR BIEN SI TIENEN LA CARNE RACIONADA!?

— EFECTIVAMENTE, EN CUBA, IGUAL QUE EN OTROS PAÍSES QUE ESTÁN APENAS INICIANDO LA CONSTRUCCIÓN DEL SOCIALISMO, SE ENCUENTRA UNO COLAS Y ESCASEZ DE ARTÍCULOS DE CONSUMO Y FALTA DE MUCHAS COSAS QUE "ABUNDAN" EN EL CAPITALISMO; Y ARTÍCULOS RACIONADOS... ¿POR QUÉ?

— ¡Porque el Socialismo ese NO funciona!

→ EN EL SOCIALISMO LA PRODUCCIÓN PREFERENCIAL ES HACIA ARTÍCULOS DE PRIMERA NECESIDAD, Y DESPUÉS HACIA LO DEMÁS, HACIA LO QUE NO ES URGENTE PRODUCIR. → LAS COLAS NO SE DEBEN A LA ESCASEZ DE UN PRODUCTO, SINO AL EXCESO DE DEMANDA Y DE DINERO PARA COMPRAR ESE PRODUCTO → ¿Y EL RACIONAMIENTO?

— Algunos productos se racionan para que les toque a <u>todos</u> los que los necesiten, en la <u>misma</u> cantidad y al <u>mismo</u> precio.

(TODO MUNDO TIENE SU LIBRETA DE RACIONAMIENTO, Y ASÍ SE LOGRA QUE NADIE SE QUEDE SIN ESE PRODUCTO.)

en cuba.

—¿Y QUÉ TAL LA INFLACIÓN?

LA INFLACIÓN EN LOS PAÍSES SOCIALISTAS ES CASI DESCONOCIDA, PORQUE LOS PRECIOS NO LOS FIJAN LOS EMPRESARIOS NI LOS COMERCIANTES.

—¡QUÉ CHISTE: NO TIENEN NI COMERCIANTES NI EMPRESARIOS!

LA CAUSA DE QUE EN LOS PAÍSES SOCIALISTAS NO SUBAN CADA SEMANA LOS PRECIOS ES MUY SENCILLA: EL ESTADO CONTROLA TODA LA PRODUCCIÓN, NO LA INICIATIVA PRIVADA...

—ACÁ NO TENEMOS CÁMARAS DE COMERCIO..

EN EL SOCIALISMO NO HAY INTERMEDIARIOS, NI AGENTES DE VENTAS, NI COMISIONISTAS, NI PUBLICIDAD, NI GASTOS DE REPRESENTACIÓN, NI EMPAQUES DE LUJO, NI COMERCIALES, NI MONOPOLIOS, NI CONSEJEROS, NI ASESORES, NI "AVIADORES", NI NADA QUE HAGA SUBIR DE PRECIO UNA MERCANCÍA...

—¿NO HAY LIBRE COMERCIO?

TOMEMOS POR EJEMPLO A CHINA (EL PAÍS MÁS ~~HABITADO~~ DEL MUNDO): POBLADO

¡DESDE 1965 LOS PRECIOS NO HAN SUBIDO MÁS QUE EN UN 5%..

..Y MUCHOS ARTÍCULOS ALIMENTICIOS HAN BAJADO DE PRECIO!

(Y NADIE HABLA DEL "MILAGRO CHINO"!..)

¿CÓMO ES POSIBLE QUE ALGO BAJE DE PRECIO ?
..PORQUE NO SON ECONOMÍAS DEPENDIENTES.
TANTO LA ECONOMÍA CHINA, COMO LA SOVIÉTICA, LA BÚLGARA, LA DE LA RDA O COREA, SON ECONOMÍAS QUE NO DEPENDEN DEL MERCADO INTERNACIONAL, DE LAS BOLSAS DE VALORES, NI DE LAS FLUCTUACIONES DEL DÓLAR O DE LOS CAPRICHOS DE WALL STREET O LA CITY...
¡EN EL SOCIALISMO NO HAY TRASNACIONALES QUE FIJEN LOS PRECIOS!
EN UNA PALABRA: LOS PRECIOS SE FIJAN PENSANDO EN LOS COMPRADORES, EN EL CONSUMIDOR... NO COMO EN EL CAPITALISMO DONDE SE FIJAN PENSANDO EN LA GANANCIA DE LOS PRODUCTORES..
¡Pero así los productores se mueren de hambre!
NO, PORQUE LOS PRECIOS DE GARANTÍA A SUS PRODUCTOS SON JUSTOS..

Como ya se dijo, en el socialismo no hay intermediarios: las mercancías van del productor al mercado, directamente...

Porque el Estado es el Productor, el Distribuidor y el Vendedor...

Y ese detalle, que los enemigos del socialismo señalan como lo peor, es precisamente lo mejor, lo que logra una mejor distribución de la riqueza... (¡No hay acaparadores!)

¿LA DISTRIBUCIÓN DE LA RIQUEZA?

Sí: el gran éxito económico del socialismo está en ese detalle: el sistema permite una más justa distribución de la riqueza, cosa que el capitalismo no ha logrado (ni logrará..)
≫ → VEAMOS CÓMO Y POR QUÉ ≫→

En el capitalismo, donde los medios de producción "PERTENECEN" a particulares, la riqueza que esos medios de producción crea, se la reparten únicamente ellos, los "DUEÑOS"...

¿Y en qué se gastan sus ganancias?

Uh, pos, como dice el vals, en vino, mujeres y canto..

La riqueza producida por los obreros y empleados de "sus" fábricas y demás, la invierten en propiedades, yates, viajes de lujo, comilonas, casas de descanso, pinturas, escuelas de primera, ropita de lujo, joyas, antigüedades, servidumbre, guardaespaldas, nalgas de lujo, residencias, viajes a Houston para curarse la úlcera, vinos importados, todo tipo de aparatos electrónicos, etc, etc.

..o a la usura de los bancos..

ES DECIR, TODA ESA ENORME GANANCIA QUE PRODUCE EL TRABAJO DE MILLONES DE TRABAJADORES EN FÁBRICAS, COMERCIOS, EMPRESAS Y COMPAÑÍAS PRIVADAS, VA A DAR A UNOS CUANTOS BOLSILLOS...

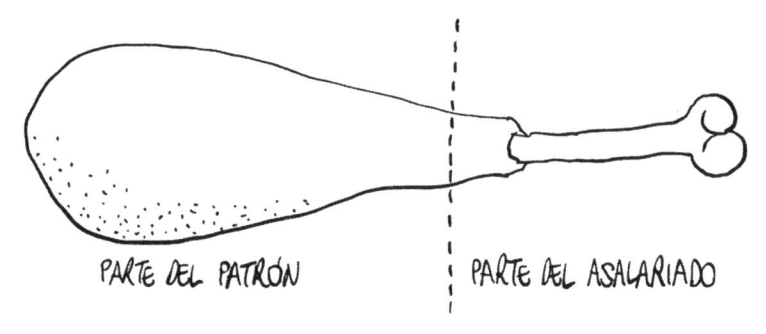

PARTE DEL PATRÓN | PARTE DEL ASALARIADO

Y COMO EN EL SOCIALISMO NO EXISTEN LOS PATRONES, EL **ESTADO** ES QUIEN HACE EL REPARTO DE LAS GANANCIAS, DE ACUERDO CON LAS NECESIDADES DE TODOS LOS SECTORES DE LA SOCIEDAD, DANDO PRIORIDAD AL INTERÉS COLECTIVO, NO INDIVIDUAL.

EL ESTADO ES EL GOBIERNO ELEGIDO POR LOS OBREROS, CAMPESINOS E INTELECTUALES.

—¿A poco en los países socialistas los funcionarios no se hacen sus colinas del Perro?

—¡POR SUPUESTO QUE NO!

CLARO QUE EL SOCIALISMO NO ES EL PARAÍSO Y CLARO QUE NO TODO FUNCIONA A LA PERFECCIÓN, NI ES TODAVÍA AQUELLO EL SUEÑO DE MARX HECHO REALIDAD...

AUNQUE EN EL SOCIALISMO SE HA CREADO UNA **NUEVA CLASE** FORMADA POR FUNCIONARIOS BURÓCRATA-MILITARES QUE DISFRUTAN DE ALGUNOS PRIVILEGIOS, LA CORRUPCIÓN EN EL SOCIALISMO ES MÍNIMA, E INCOMPARABLE CON LA QUE SE GENERA EN EL CAPITALISMO.

¿ENTONCES EL SOCIALISMO NO ES UNA SOCIEDAD SIN CLASES?

¿POR QUÉ HAY PRIVILEGIADOS Y GENTE QUE VIVE MEJOR QUE OTRA?

NO QUEREMOS JUSTIFICAR LA CORRUPCIÓN QUE HA TENIDO EN ALGUNOS PAÍSES EL SOCIALISMO, AL CREAR UNA BUROCRACIA QUE SE APROVECHA DE SU PODER PARA BENEFICIO PROPIO... SIMPLEMENTE HAY QUE SEÑALAR ESE ERROR, QUE NO ES DEBIDO AL SISTEMA SINO AL SER HUMANO, QUE EN CUALQUIER SISTEMA, HASTA EN EL MÁS SANTO, EXISTE, Y VIVE BUSCANDO CÓMO VIVIR MEJOR A COSTILLAS DE LOS DEMÁS...

(STALIN NO ES SINÓNIMO DE SOCIALISMO..)

(SI QUIERE SABER MÁS DE LA CAÍDA DEL SOCIALISMO Y LA URSS Y TODO EL SISTEMA LO REMITIMOS A MI LIBRO "LA PERESTROIKA" EN ESTA MISMA EDITORIAL..)

El socialismo no fue creado por ningún dios, y los pocos años que lleva de existencia —atacado por todos lados— han sido años de prueba, de improvisaciones, de experiencias, errores, metidas de pata. (Y éxitos, no faltaba más..)

> En la URSS pasamos de la aristocracia a la burocracia..

¿Hasta qué grado resulta inevitable en el socialismo la burocratización?

¿Quién si no, se encarga de administrar los miles de empresas que posee un estado socialista..?

¿Es posible evitar los abusos de poder y lograr un socialismo con más libertad que el logrado hasta hoy..?

¿ES INEVITABLE LA STALINIZACIÓN* DEL SOCIALISMO PARA LOGRAR LA PRODUCTIVIDAD?

*
(ENTENDAMOS POR STALINISMO, MANO DURA EN TODOS LOS CAMPOS DE LA ACTIVIDAD HUMANA, ES DECIR UNA DICTADURA DISFRAZADA DE "DICTADURA DEL PROLETARIADO", QUE FUE DENUNCIADA POR NIKITA JRUSCHOV... Y QUE CASI HA DESAPARECIDO EN LA URSS.)

PRESIONADO Y ATACADO DESDE QUE NACIÓ, EL SISTEMA SOCIALISTA HA TENIDO QUE ENCERRARSE Y VIVIR A LA DEFENSIVA, MUCHAS VECES CON SISTEMAS DICTATORIALES, PARA PODER SOBREVIVIR.
→ HA TENIDO QUE INVERTIR UNA GRAN PARTE DE SU RIQUEZA EN ARMAMENTOS, PARA ASEGURAR LA DEFENSA DEL SISTEMA SOCIALISTA QUE, DEBIDO A ESAS EXIGENCIAS EXTERNAS, SE HA MILITARIZADO Y CONVERTIDO EN ESTADO CASI POLICIACO...
→ TODO ELLO HA INCIDIDO PARA EVITAR UN MAYOR DESARROLLO DEL SOCIALISMO QUE, ESTAMOS SEGUROS, FLORECERÁ MÁS Y MEJOR CUANDO LOS REAGANS Y PENTÁGONOS LO DEJEN VIVIR EN PAZ...
(BUENO, EN 1997 YA SABEMOS QUE NO LO DEJARON..)

TENEMOS PUES, 2 SISTEMAS: UNO, EL CAPITALISTA, QUE SE HA OLVIDADO DEL HOMBRE Y DE LA NECESIDAD DE AYUDARNOS LOS UNOS A LOS OTROS...

EXPLOTAOS ~~AMAOS~~ LOS UNOS A LOS OTROS

..Y OTRO, EL SOCIALISTA, QUE EN SU POCA VIDA HA LOGRADO CAMBIAR UN POCO LAS RELACIONES ENTRE LOS HOMBRES ELIMINANDO LA INJUSTICIA Y LA EXPLOTACIÓN..HASTA QUE SUS DIRIGENTES LO HUNDIERON...

¡PERO: EL SOCIALISMO PUEDE MEJORARSE CORRIGIENDO LOS ERRORES..!

EL CAPITALISMO YA NO DA PARA MÁS: YA APESTA A CADÁVER...

SI TODO EL MUNDO FUERA SOCIALISTA, SIN AMOS, SIN EJÉRCITOS, SIN LA IDEA DEL LUCRO Y DEL DINERO – Y DE TODO LO QUE SE HACE POR CONSEGUIRLO – TENDRÍAMOS UN MUNDO MEJOR.
(¡PERO UN SOCIALISMO DEMOCRÁTICO, NO COMO EL QUE SE ACABÓ!)

BIBLIOGRAFÍA

ÉSTE ES UN LIBRO CON LO MÁS ELEMENTAL DE LA ECONOMÍA POLÍTICA. SI EL LECTOR DESEA PROFUNDIZAR EN EL TEMA, SUGERIMOS ESTOS LIBROS:

* COMPENDIO DE ECONOMÍA POLÍTICA / L. Leontiev / EDITORIAL PROGRESO-MOSCÚ
* LA DEPENDENCIA POLÍTICO-ECONÓMICA DE AMÉRICA LATINA / Jaguaribe-Wionczek-Ferrer-Dos Santos / SIGLO XXI- MÉXICO
* INTRODUCCIÓN A LA ECONOMÍA / Galbraith / CRÍTICA-GRIJALBO-España
* DICCIONARIO MARXISTA DE ECONOMÍA POLÍTICA / E.C.Popular-México
* POR QUÉ EN CHINA NO HAY INFLACIÓN / Edic. en Lenguas Extr. / Pekín
* OBRA REVOLUCIONARIA / Ernesto Che Guevara / EDIT. ERA - MÉXICO
* IMPERIALISMO Y DEPENDENCIA / Theotonio Dos Santos / ERA-México
* CAPITAL Y TRABAJO / Johann Most / EXTEMPORÁNEOS- MÉXICO
* EL CAPITAL / Carlos Marx / Edit. Grijalbo-MÉXICO

Y PARA ACABARLA DE AMOLAR Y PUEDA PRESUMIR -UN POCO- DE QUE ENTIENDE -UN POCO- DE ECONOMÍA, SIGA CON:

LEXIKÓN ECONOMIKÓN (UN DICCIONARIO DE TÉRMINOS DE ECONOMÍA).

☞ ES DE TODOS SABIDO QUE LOS ECONOMISTAS HABLAN EN CHINO, PORQUE NADIE LES ENTIENDE. ES POR ESO QUE ME PUSE A "TRADUCIR" EL LENGUAJE ESOTÉRICO DE LA ECONOMÍA, CON EL RESULTADO AQUÍ PRESENTE.
MUY ATENTAMENTE:

RIUS :

LEXIKÓN ECONOMIKÓN

TRADUCIDO DEL CHINO POR EL AUTOR, SIN LA AYUDA DEL ESPÍRITU SANTO.

Abastecimiento

"EL ABASTECIMIENTO NO ES OTRA COSA QUE LA <u>DISTRIBUCIÓN</u> DE LA PRODUCCIÓN.."

Es decir, ¿cómo hacer llegar a los consumidores -a tiempo y en la cantidad necesaria- lo que produce el campesino y el obrero?

"HAY 2 MODOS 2 DE ABASTECER A LA POBLACIÓN:"

1º DEJANDO EL ASUNTO EN MANOS DE LOS COMERCIANTES.

2º ENCARGÁNDOSE DE LA CUESTIÓN EL GOBIERNO.

EL GRAN PROBLEMA DEL "LIBRE" COMERCIO ES QUE LOS PRODUCTOS LLEGAN AL CONSUMIDOR A PRECIOS ELEVADOS.

YO PAGO CINCO
Y LO VENDO A 10
YO LO PAGO A 10 Y LO VENDO A QUINCE
YO LO PAGO A 15 Y LO VENDO A VEINTE..
¡DOY 25!

ELLO ES DEBIDO AL INTERMEDIARISMO: EL PRODUCTO VA SUBIENDO DE PRECIO POR CADA MANO QUE PASA QUE, OBVIAMENTE, SE GANA UNOS PESOS... ASÍ, LO QUE SE LE PAGÓ AL CAMPESINO EN CINCO, SE LE VENDE AL CONSUMIDOR EN TREINTA, GRACIAS A LOS INTERMEDIARIOS...

El otro sistema es el practicado en los países socialistas, donde el Gobierno se encarga de todo, ahorrándose a varios intermediarios, lo que hace que los productos no suban desmesuradamente de precio.

Se le paga 5 al campesino y se le vende en 10 al consumidor...

EL PROBLEMA DE ESTE TIPO DE DISTRIBUCIÓN ES QUE PUEDE BUROCRATIZARSE Y DEJAR DE SER EFECTIVO.

Acciones

LAS ACCIONES SON DOCUMENTOS QUE VENDEN AL PÚBLICO LAS COMPAÑÍAS (Sociedades Anónimas) PARA HACERSE DE CAPITAL.

ESAS ACCIONES SE MANEJAN EN LA BOLSA DE VALORES, DONDE SUBEN O BAJAN DE PRECIO, DE ACUERDO A CÓMO ANDE LA COMPAÑÍA.

LA SUMA INDICADA EN LA ACCIÓN REPRESENTA SU <u>VALOR NOMINAL</u>, PERO EL DUEÑO DE ELLAS RECIBE CADA AÑO UNA DETERMINADA PARTE DE DINERO -DIVIDENDO- DE LAS GANANCIAS OBTENIDAS POR LA COMPAÑÍA...

LOS GRANDES ACCIONISTAS GANAN MUCHO DINERO <u>SIN</u> TRABAJAR.. ¡RICO!

Acopio

HACER ACOPIO DE ALGO (DE MERCANCÍAS AGRÍCOLAS ES LO MÁS COMÚN) ES COMPRAR <u>POR ADELANTADO</u> PREVIENDO QUE PUEDAN RESULTAR MÁS CAROS AL COLOCARSE EN EL MERCADO.

PUEDE VOLVERSE TAMBIÉN <u>ACAPARAMIENTO</u> SI NO HAY SUSTITUTOS CERCANOS DE ESA MERCANCÍA...

De lo que se trata es de vender luego más caro, ¡rediez!

Acreedores

ALGUIEN O ALGUIENES A LOS QUE SE LES DEBE DINERO, COMO A LOS BANCOS POR EJEMPLO. LO CONTRARIO DE ACREEDOR ES **DEUDOR**.

Activos

Los ACTIVOS de una empresa o una persona son todo lo que posee y que tiene un valor monetario..

Hay 4 clases de ACTIVOS

1- ACTIVOS CORRIENTES
(dinero, cuentas bancarias, cuentas por cobrar, etc.)

2- INVERSIONES COMERCIALES

3- ACTIVOS FIJOS { Terrenos, Vehículos, Maquinaria, Edificios, Mobiliario }

y

4- ACTIVOS INTANGIBLES
(patentes, prestigio, fama)

de HIPER-ACTIVOS no se trata aquí..

Acumulación de capital

Para entender lo que es la ACUMULACIÓN DEL CAPITAL tenemos que entender antes lo que es el CAPITAL.

¿Y QUÉ ES EL CAPITAL?

¿EL CAPITAL O LA CAPITAL?

EL CAPITAL NO ES OTRA COSA QUE UN DINERO QUE CRECE.

¿Y CÓMO LE HACE PARA CRECER?

¡CON LA AYUDA DE LOS OBREROS!

EL SEÑOR MARX (CARLOS) LO EXPLICÓ PERFECTAMENTE:

"el Capital es dinero que se transforma en mercancía, y luego, por medio de la venta de la mercancía, se convierte otra vez en dinero, pero en mayor cantidad".

ES DECIR, EL OBRERO CON SU TRABAJO, ES EL QUE PRODUCE LAS MERCANCÍAS.. QUE SE CONVIERTEN EN MÁS DINERO PAL PATRÓN.. HACIENDO ASÍ CRECER Y CRECER Y CRECER SU <u>CAPITAL</u>..

ACUMULACIÓN DEL CAPITAL ES ENTONCES CUANDO LAS GANANCIAS NO VAN A DAR AL OBRERO SINO AL PATRÓN...

ES DECIR, CUANDO EL DINERO PRODUCIDO POR EL TRABAJO SE ACUMULA EN BENEFICIO SÓLO DEL CAPITALISTA Y NO DEL OBRERO, NI DE LA FÁBRICA, NI PARA CREAR MÁS TRABAJOS.

Amortización

¡el tiempo le saca arrugas a todo!

EL TIEMPO, EL USO Y LOS ELEMENTOS <u>DESGASTAN</u> EDIFICIOS, MÁQUINAS E INSTALACIONES. PARA REPONER O REPARAR ESOS BIENES, SE DEBE DEDUCIR DE LAS GANANCIAS CIERTA CANTIDAD PARA FORMAR UN FONDO DE <u>AMORTIZACIÓN</u>...

ASÍ, CUANDO UNA MÁQUINA YA NO DA PARA MÁS, HAY UN DINERO LISTO PARA REPONERLA.

Es decir, hay que pagarle un seguro de "vida" a los bienes, hay que AMORTIZARLOS para tener en unos años el dinero necesario para comprar uno nuevo o repararlo.

Aranceles

ARANCEL QUIERE DECIR "TARIFA" O "IMPUESTO", PERO LOS ECONOMISTAS PREFIEREN DECIR ARANCEL PORQUE SUENA MUCHO MÁS CHIC... Y DIFÍCIL DE ENTENDER.

Aristocracia obrera

CUANDO EL GOBIERNO APAPACHA A CIERTOS OBREROS CON ALTOS SALARIOS O CORROMPIÉNDOLOS, LOS DESPOJA DE SU CONCIENCIA DE CLASE Y LOS CONTROLA ASÍ FÁCILMENTE, ENFRENTÁNDOLOS INCLUSO A OTROS OBREROS.

EL EJEMPLO CLÁSICO EN MÉXICO SON LOS PETROLEROS Y SINDICATOS CINEMATOGRÁFICOS.

Autarquía

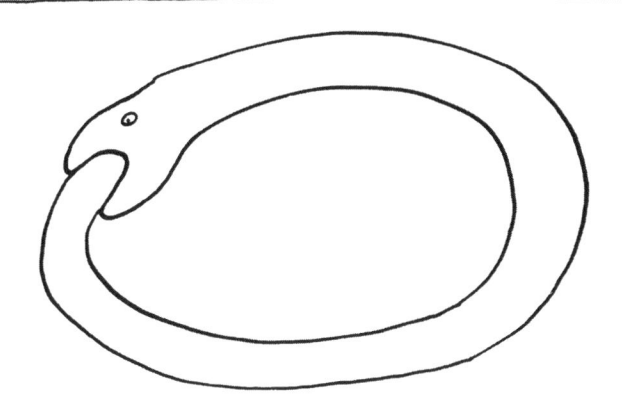

POLÍTICA DE AISLAMIENTO ECONÓMICO DE UN PAÍS O VARIOS TENDIENTE A CREAR UN CIRCUITO CERRADO EN SU ECONOMÍA.

¡ALTO! SI QUIEREN PASAR TIENEN QUE PAGAR MÁS Y MÁS ADUANA..

POR EJEMPLO, ESTADOS UNIDOS Y EL MERCOMÚN EUROPEO LLEVAN UNA POLÍTICA AUTÁRQUICA AL LIMITAR LA IMPORTACIÓN DE MERCANCÍAS DEL TERCER MUNDO Y AUMENTAR SUS TARIFAS ADUANALES Y SUS EXPORTACIONES, PARA REFORZAR ASÍ SU DOMINIO ECONÓMICO SOBRE LOS PAÍSES MÁS POBRES... ¡QUÉ GACHOS!

Balanza de pagos

ESTADO DE CUENTAS COMPARATIVO ENTRE LO QUE SE DEBE Y LO QUE NOS DEBEN. ASÍ DE SENCILLA ES LA COSA.

→ La Balanza de pagos de México - por ejemplo - está totalmente <u>PASIVA</u> (en contra), porque debemos un dineral y nadie nos debe tanto como para hacerla ACTIVA.

bancos

Los pesimistas dicen que un banco es una forma legal de robar al prójimo.

Algo hay de cierto, porque los bancos se crean con dinero ajeno y a cambio del oro que usted les da a guardar, le dan un papel que -dicen- vale lo mismo que ese oro.

Ya más en serio, banco es una institución de crédito, formada como sociedad mediante la venta de <u>ACCIONES</u>.

Su actividad primordial es la compra-venta de dinero, operación en la que -mediante intereses- ganan su buen dinero.

bienes

LOS BIENES SON, EN GENERAL, LAS POSESIONES, EL DINERO, LAS COSAS DE LA PROPIEDAD DE CADA QUIEN... EL PATRIMONIO, EN FIN..

(algunos bienes no lo son tanto..)

¡BIEN MÍO!

hay BIENES DE CONSUMO (todo lo que sirve para satisfacer alguna necesidad humana); DE DOMINIO PÚBLICO (como los parques, jardines, paseos); BIENES RAÍCES o INMUEBLES (todo bien que no puede moverse: terrenos, casas), SEMOVIENTES (el ganado, por ejemplo), ETC, ETC.

BIENES NACIONALES: el patrimonio de la nación, sus riquezas.

¿MALES? EL PRI y otras alimañas.

Bienestar Social
(Social Welfare)

ES LO CONTRARIO AL NEOLIBERALISMO

SISTEMA ECONÓMICO QUE PRETENDE BENEFICIAR A <u>TODA</u> LA SOCIEDAD, MEDIANTE LA <u>ADMINISTRACIÓN</u> POR PARTE DEL ESTADO DE LAS RIQUEZAS DE LA NACIÓN Y LAS UTILIDADES DE LAS EMPRESAS ESTATALES, POR ENCIMA DE LAS EMPRESAS DE TIPO PRIVADO.

el ESTADO de BIENESTAR SOCIAL desaparece cuando se <u>privatizan</u> los servicios públicos y las empresas del Estado...

DE "SOCIAL WELFARE", EJEMPLO TÍPICO FUE EL GOBIERNO DE FRANKLIN D. ROOSEVELT EN LOS USA.

ver. **ECONOMÍA MIXTA**

Bolsa de valores

ESPECIE DE MANICOMIO-MERCADO DONDE ACCIONES, VALORES, TÍTULOS Y OBLIGACIONES SE COMPRAN Y SE VENDEN, SEGÚN LOS PRECIOS REGISTRADOS AHÍ MISMO POR LA OFERTA Y LA DEMANDA... O POR LOS RUMORES AVENTUREROS QUE SE DEJAN OÍR (GUERRAS SOBRE TODO).

¡GUERRA EN EL CARIBE! SUBEN LAS ACCIONES DE LA INDUSTRIA BÉLICA.

¡PAZ! BAJAN LAS ACCIONES...

LA ESPECULACIÓN BURSÁTIL (de la Bolsa) CONSISTE EN COMPRAR HOY A BUEN PRECIO, ACCIONES O TÍTULOS QUE MAÑANA <u>PUEDEN</u> SUBIR DE PRECIO Y REPORTARLE A SUS DUEÑOS FABULOSAS GANANCIAS SIN MOVER UN DEDO. LA BOLSA DE VALORES ES, EN OTRAS PALABRAS, EL MERCADO DEL DINERO. (Antes, la LONJA)

Breton Woods

"CUNA DEL FMI."

AL ABANDONAR LA MAYORÍA DE LOS PAÍSES CAPITALISTAS EL PATRÓN-ORO (ver) Y ANTE LA INSISTENCIA DE ALGUNOS EN SEGUIR USÁNDOLO, LOS EXPERTOS FINANCIEROS DE TODO EL MUNDO (CAPITALISTA) CONVOCARON A UNA REUNIÓN PARA CREAR UN SISTEMA DE CAMBIOS INTERNACIONAL, FIJO Y DURADERO, QUE PUDIERA SER UTILIZADO EN TODO EL MUNDO.

..dicha reunión de judíos internacionales se efectuó en 1944 en Breton Woods, New Hampshire, USA.

EN LA SUPRADICHA REUNIÓN NACIÓ EL **FONDO MONETARIO INTERNACIONAL**, DE CUYO FUNCIONAMIENTO SE PODRÁ ENTERAR EN LA LETRA "F"...>

Capital

TODA RIQUEZA CAPAZ DE PRODUCIR MÁS RIQUEZA.

COMO YA LO VIMOS EN "Acumulación del Capital", ÉSTE ES UN DINERO QUE CRECE CON LA AYUDA DEL TRABAJO, ES DECIR QUE VA AUMENTANDO AL PONERLO A TRABAJAR.

¡PERO TAMBIÉN PUEDE CRECER GUARDADO EN UN BANCO!

CLARO: O INVERTIDO EN UN EDIFICIO DE DEPARTAMENTOS..
(es lo que se llama CAPITAL OCIOSO).

Capitalismo

SISTEMA ECONÓMICO BASADO EN EL PREDOMINIO DEL CAPITAL, AL QUE CARLITOS MARX DEFINIÓ COMO "la explotación del hombre por el hombre".

OTRO PENSADOR, HILLAIRE BELLOC (católico), LO DEFINIÓ ASÍ:
"Llamamos CAPITALISMO a una Sociedad en la cual unos pocos son dueños de los medios de producción, mientras los restantes muchos, carecen de tales medios y son, por consiguiente, proletarios".

ES DECIR, EN EL CAPITALISMO TODOS PUEDEN HACER DINERO, SI TIENEN CON QUÉ...

capitalismo salvaje: el Neoliberalismo (ver→)

Cartera vencida

"CARTERA" ES UN CONJUNTO DE INVERSIONES FINANCIERAS MANEJADAS POR UN BANCO.. Y "VENCIDA": CUANDO SE VENCE EL PLAZO DE PAGARLE AL BANCO LOS INTERESES O EL CAPITAL INVERTIDO.

¿debo? no niego.. ¿pago? no tengo.. ¡se me reventó el barzón!

Circulante

LA CANTIDAD DE DINERO EMITIDO POR EL BANCO CENTRAL QUE SE ENCUENTRA EN CIRCULACIÓN FINANCIANDO OPERACIONES DE INVERSIÓN, Y NO GUARDADO OCIOSAMENTE.

Colonialismo

CUANDO UNA POTENCIA IMPERIALISTA SE APODERA DE OTRO PAÍS PARA EXPLOTARLO ECONÓMICAMENTE, TAL COMO OCURRIÓ A FINES DEL SIGLO PASADO: INGLATERRA, FRANCIA, PORTUGAL, BÉLGICA, ESPAÑA, ALEMANIA, E.UNIDOS, ITALIA Y HOLANDA, TENÍAN "POSESIONES" EN TODO EL MUNDO.

HOY EL COLONIALISMO ES MÁS SUTIL: COLONIZAN A LOS PAÍSES CON INVERSIONES, FMI, COCA-COLA Y CULTURA DE MASAS.. (Y PRÉSTAMOS, SE ME OLVIDABA).

Complejo industrial

CONJUNTO DE FÁBRICAS PRODUCTORAS DE INDUSTRIAS BÁSICAS, DERIVADAS O COMPLEMENTARIAS, SITUADAS MÁS O MENOS JUNTAS Y BAJO UNA SOLA DIRECCIÓN.

(la industria petroquímica, p.ej.)

Concentración del Capital

CUANDO DOS O MÁS EMPRESAS SE ASOCIAN EN UNA SOLA PARA ELIMINAR LA COMPETENCIA O HACERLE FRENTE CON MÁS CAPITAL.

Consumismo

TENDENCIAS Y COSTUMBRES PROVOCADAS POR LA PRENSA, LA PUBLICIDAD Y LA TELEVISIÓN, PARA HACERNOS COMPRAR TODA CLASE DE PORQUERÍAS INÚTILES Y DE LUJO.

TAMBIÉN SE LE LLAMA SOCIEDAD DE CONSUMO, Y PRESENTA COMO IDEAL DE LA VIDA <u>CONSUMIR</u>...

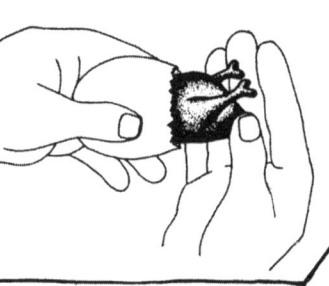

Control de precios

Cuando el gobierno toma las medidas necesarias para evitar que los comerciantes hagan de las suyas.

(En México estamos esperando desde hace siglos esas medidas..)

COOPERATIVAS

Asociaciones o sociedades de gentes que se unen para producir o consumir algo, repartiéndose el trabajo, los gastos y las ganancias. Generalmente los que hacen cooperativas son artesanos o pequeños propietarios que, sin saberlo, están haciendo socialismo.

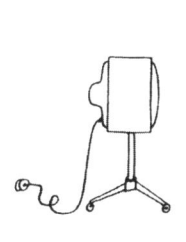

Corporativismo

SISTEMA SOCIAL DONDE DOMINAN LAS GRANDES CORPORACIONES (EMPRESAS) QUE SON LAS QUE EN REALIDAD GOBIERNAN UN PAÍS. EL EJEMPLO TÍPICO DE CORPORATIVISMO SON LOS ESTADOS UNIDOS, DONDE 500 EMPRESAS DOMINAN LA VIDA DEL PAÍS.

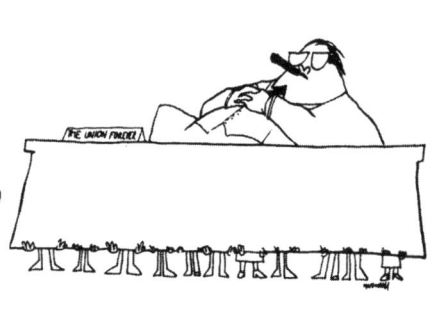

Crédito

El crédito es el gran invento capitalista para aumentar su capital, prestando dinero o mercancías, por lo que cobra un interés. Las ventas a crédito (COMERCIAL, BANCARIO, DE CONSUMO, ESTATAL, INTERNACIONAL) o venta a plazos, son la forma de robo más sutil e inteligente que existe, llevando a la quiebra a empresas, naciones e individuos.

NO ME DIGAN..

(ver INTERESES)

Crecimiento

El crecimiento económico es el proceso constante de aumento de la economía de un país, y por lo tanto, del **ingreso nacional**.

El análisis de ese proceso es ya una parte de la ciencia económica, que estudia las **tasas de crecimiento**, de la fuerza de trabajo, de la inversión extranjera, del consumo de la población, etcétera.

Se busca con eso tener un crecimiento equilibrado...

SALARIOS — *PRECIOS* — *DESEMPLEO* — *...y sostenido.*

crisis

CRISIS VIENE DEL GRIEGO "KRYSYS" Y SIGNIFICA ESO: CRISIS.

→ VIENE SIENDO UNA SERIE INTERMINABLE (CASI) DE TRASTORNOS POLÍTICOS, ECONÓMICOS Y SOCIALES, A CONSECUENCIA DE ERRORES, METIDAS DE PATA, AGRESIONES EXTERNAS Y POLÍTICAS EQUIVOCADAS DE PARTE DE LOS GOBERNANTES (O QUE SE CREEN).

→ GENERALMENTE LAS CRISIS ACABAN CUANDO EL ENFERMO SANA.. O SE MUERE.

> ÉSTE SE SALVÓ DE LA CRISIS..

Chicago Boys

EN LA UNIVERSIDAD DE CHICAGO, ILL., ENSEÑÓ ECONOMÍA DON **MILTON FRIEDMAN**, PARTIDARIO DE LA "FLOTACIÓN" DE LA MONEDA Y GRAN GURÚ DEL <u>MONETARISMO</u> (ver).

FRIEDMAN ELABORÓ EL PROGRAMA ECONÓMICO DEL ULTRA BARRY GOLDWATER (CANDIDATO REPUBLICANO), FUE ASESOR ECONÓMICO DE NIXON Y LO ES DEL COW-BOY REAGAN.

EN 1976 RECIBIÓ EL PREMIO NOBEL DE ECONOMÍA, PARA DESACREDITAR UN POCO MÁS LOS FAMOSOS PREMIOS.

* *

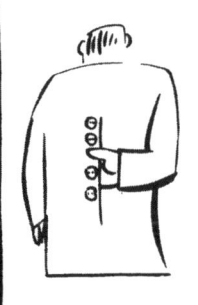

EN LA JERGA DE LOS ECONOMISTAS, SE LES LLAMA "Chicago Boys" A LOS PARTIDARIOS DEL MONETARISMO (FRIEDMAN, HABERLER, HARWOOD, ETC.) QUE HAN HECHO TRONAR A VARIOS PAÍSES —CHILE, BRASIL, ISRAEL, ARGENTINA— CON LA PRÁCTICA DE SUS TEORÍAS.

¡JIJOS! Y DICEN QUE'L ACTUAL GOBIERNO DEL PRI ES DE LOS CHICAGO BOYS!

Déficit

"Déficit quiere decir FALTANTE."

ES DECIR, CUANDO UNA EMPRESA O UN PAÍS DESCUBREN QUE NO HAY EN CAJA EL DINERO QUE DEBÍA HABER, SIGNIFICA QUE EXISTE UN DÉFICIT.

EN ALGUNOS PAÍSES MUY ATRASADOS, FUSILAN O ENCARCELAN A LOS CULPABLES; EN MÉXICO NO.

Depresión

FASE DEL CICLO CAPITALISTA QUE SIGUE A LA CRISIS Y QUE SE CARACTERIZA POR BAJA ACTIVIDAD ECONÓMICA, DESEMPLEO MASIVO, PRECIOS Y SALARIOS BAJOS, NULAS INVERSIONES, BAJAS EN LA BOLSA, AUMENTO DE LA EXPLOTACIÓN DEL OBRERO Y SUICIDIOS DE ACCIONISTAS MANIACO-DEPRESIVOS...

dependencia

"DEPENDE DE QUIÉN LO DIGA.."

POR EJEMPLO, SI DECIMOS QUE MÉXICO <u>DEPENDE</u> ECONÓMICA, POLÍTICA Y CULTURALMENTE DE LOS UNITED STATES, PUEDE SER UNA VERDAD ACEPTABLE. PERO SI LO DICE UNO DEL PRI, PUEDE SER UNA RAREZA O UN MILAGRO CASI DIVINO...

"O SÉASE, PARA ACABAR PRONTO, DEPENDENCIA ES LO CONTRARIO DE INDEPENDENCIA."

DESARROLLO

Desarrollo es el proceso económico destinado a lograr un aumento en la PRODUCCIÓN.

Hay DESARROLLO CAPITALISTA que se rige por los caprichos del mercado y DESARROLLO PLANIFICADO que se lleva a cabo científicamente en las economías socialistas.

Desarrollismo

EL DESARROLLISMO es un tipo de desarrollo planificado pero de tipo capitalista, es decir, un DESARROLLO forzado que sacrifica al hombre por la ganancia. Los últimos gobiernos de México han sido desarrollistas.

Desempleo

"EL DESEMPLEO ES, SIMPLEMENTE, CUANDO HAY GENTE QUE **NO** TRABAJA..."

¿POR QUÉ? PORQUE NO HAY SUFICIENTES EMPLEOS PARA TODOS. ESTE FENÓMENO SÓLO SE DA EN EL CAPITALISMO Y SE EVITA CASI POR COMPLETO EN LAS ECONOMÍAS PLANIFICADAS, ES DECIR, EN EL SOCIALISMO. (EN EL SOCIALISMO BIEN LLEVADO, CLARO...)

Despegue

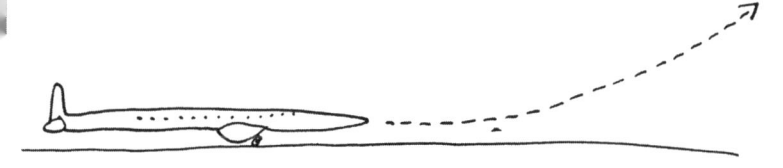

CUANDO UN PAÍS HA SANEADO SU ECONOMÍA Y ESTÁ A PUNTO DE INICIAR UNA ETAPA DE DESARROLLO, SE DICE QUE ESTÁ EN EL <u>DESPEGUE</u>. POR EJEMPLO, EN MÉXICO DESDE HACE 40 AÑOS EL PRI NOS ESTÁ DICIENDO QUE ESTAMOS EN PLENO DESPEGUE ECONÓMICO. (LO QUE PARECE QUE HA OCURRIDO ES QUE LE ROBARON LAS LLANTAS AL AVIÓN...)

Deuda pública

LO QUE DEBE UN ESTADO, UNA NACIÓN.
→ PUEDE SER INTERNA ← A PAGAR CON MONEDA NAL.
   O EXTERNA ← A PAGAR CON DÓLARES...

devaluación

DISMINUCIÓN DEL VALOR DE UNA MONEDA RESPECTO AL ORO O DÓLAR.

(Y DE UN GOBIERNO..)

DIVIDENDOS

(DE DIVIDIR)
O SEA, LAS CUOTAS QUE SE REPARTEN ENTRE LOS ACCIONISTAS DE UNA EMPRESA CUANDO HAY GANANCIAS.

Divisas

TODA MONEDA EXTRANJERA (FUERTE) QUE SIRVE DE BASE PARA COMERCIAR EN TODO EL MUNDO. ACTUALMENTE SON DIVISAS EL DÓLAR, LA LIBRA, EL MARCO ALEMÁN, EL YEN JAPONÉS, EL FRANCO, Y OTRAS MONEDAS EUROPEAS, DE PAÍSES CAPITALISTAS ÚNICAMENTE.

División del trabajo

→ LA DIVISIÓN DEL TRABAJO ES UN SISTEMA PARA AUMENTAR LA PRODUCCIÓN, TANTO A NIVEL EMPRESA COMO A NIVEL NACIONAL Y HASTA INTERNACIONAL (PAÍSES SOCIALISTAS).

→ LA DIVISIÓN **SOCIAL** DEL TRABAJO ES DIVIDIR LA ECONOMÍA EN SECTORES (AGRICULTURA, MINERÍA, CONSTRUCCIÓN, TRANSPORTE), Y CADA UNO DE ÉSTOS EN OFICIOS... Y CADA UNO DE ÉSTOS EN ESPECIALIZACIONES, HASTA LLEGAR A LA PRODUCCIÓN EN BANDA, DONDE UN OBRERO FIJA EL TORNILLO QUE OTRO OBRERO COLOCÓ ANTES QUE ÉL.

SI BIEN SIRVE PARA AUMENTAR LA PRODUCCIÓN, SE CONVIERTE EN DEPRIMENTE, MONÓTONO Y ENAJENANTE.

Dumping

del inglés DUMP (vaciar de golpe y porrazo)

PRÁCTICA COMERCIAL (PROHIBIDA INTERNACIONALMENTE) QUE CONSISTE EN VENDER EN EL EXTRANJERO MERCANCÍAS POR ABAJO DE SU PRECIO DE COSTO –O DEL PRECIO INTERNACIONAL–, PARA ELIMINAR LA COMPETENCIA (Y PERJUDICARLA DE PASO) Y NO QUEDARSE CON LA MERCANCÍA EN LAS BODEGAS.

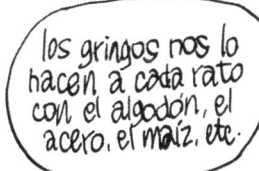

los gringos nos lo hacen a cada rato con el algodón, el acero, el maíz, etc.

luego la saco y la pongo de oferta en el vecindario.

ECONOMÍA

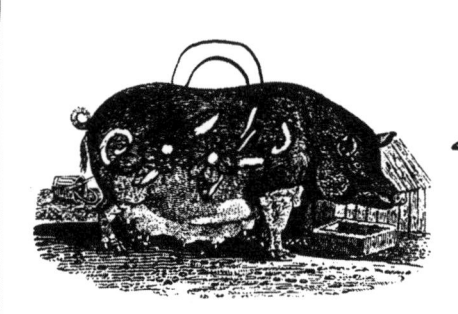

viene de "economizar", ahorrar, como quien dice..

SEGÚN EL DICCIONARIO, "ECONOMÍA ES LA ADMINISTRACIÓN RECTA Y PRUDENTE DE LOS BIENES", LO QUE AL PARECER NUNCA LEYÓ LÓPEZ PORTILLO (NI LUISITO ECHEVERRÍA...) (NI MUCHÍSIMO MENOS EL PELÓN SALINAS DE GORTARI...)

¿Y QUÉ ES LA ECONOMÍA COMO CIENCIA?

el estudio del papel de las empresas, organizaciones, sindicatos y gobiernos, en la forma como satisfacen sus necesidades económicas.

ECONOMÍA MIXTA

HÍBRIDO SISTEMA ECONÓMICO DONDE EL GOBIERNO SE ENCARGA DE LA PRODUCCIÓN DE ARTÍCULOS BÁSICOS, Y LA INICIATIVA PRIVADA DE LA PRODUCCIÓN DE ARTÍCULOS COMPLEMENTARIOS.

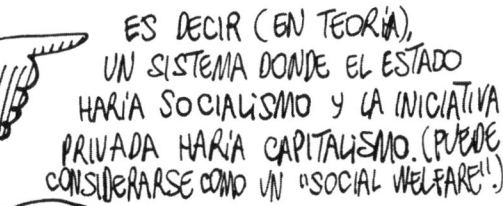

ES DECIR (EN TEORÍA), UN SISTEMA DONDE EL ESTADO HARÍA SOCIALISMO Y LA INICIATIVA PRIVADA HARÍA CAPITALISMO. (PUEDE CONSIDERARSE COMO UN "SOCIAL WELFARE".)

Oficialmente, México sería una ECONOMÍA MIXTA..

pero extraoficialmente, el Gobierno es el que pierde dinero y la IP la que lo gana..

si no hay eficiencia y honestidad, como ha ocurrido en México con gobiernos como Echeverría y JoLoPo.

Egresos

En economía, egresos son los gastos, e ingresos el dinero que entra.. (ojalá toda la economía fuera así de fácil de explicar..)

(ingresos / egresos)

Emisión monetaria

Emitir monedas para que circulen. La cosa sin embargo no es tan sencilla como la creía Pancho Villa. Tiene que ajustarse a la ley de la circulación del dinero, que contempla 3 cosas antes de emitir moneda, a saber:

1) LA MASA DE MERCANCÍAS EN CIRCULACIÓN
2) EL NIVEL DE PRECIOS DE LAS MERCANCÍAS
3) LA VELOCIDAD DE CIRCULACIÓN DEL DINERO

"Si nomás se imprimen billetes a lo loco.. se suelta la inflación, darling..!"

Empirismo

de EMPEIRIKÓS: EXPERIENCIA.

CONOCIMIENTOS PROVENIENTES DE LA EXPERIENCIA, NO DE LOS ESTUDIOS.
(Algo así como este libro)

Estabilización

Operaciones financieras para impedir las oscilaciones de los cambios y para establecer precios fijos en el mercado. ¡O sea, una lucha contra los especuladores malditos!

Especulación

Cuando oiga hablar del **CAPITAL ESPECULADOR** es que se refieren a las empresas o individuos que meten su dinero en la bolsa de valores o en los bancos esperando GANAR de un trancazo mucho dinero. Fácil y rápido.. o sacarlo del país cuando les conviene.

(Compren dólares, vendan cetes)

Buzos: me dijo uno del PRI que viene devaluación..

Gran parte de la inversión extranjera en México y América Latina es capital especulador, que no genera empleos ni le deja dinero al país... (y lo peor es que gran parte de esos capitales son de "mexicanos" con lana en Suiza.)

162

Estagnación

"del latín "stagnum": ESTANQUE"

ESTAGNACIÓN ES LO MISMO QUE ESTANCAMIENTO, PERO YA CONOCE USTED A LOS ECONOMISTAS..

(esta Nación - como quien dice - sufre de estagnación...)

ESTANFLACIÓN = Estancamiento con inflación.

ESTAJANOVISMO

TRABAJO COLECTIVO Y VOLUNTARIO, EN BENEFICIO COLECTIVO.

SE LE LLAMA ASÍ EN HONOR AL OBRERO SOVIÉTICO STAJANOV, HÉROE DEL TRABAJO Y OBRERO EJEMPLAR, DE LOS PRIMEROS AÑOS DE LA URSS.

Factores de producción

O FUERZAS PRODUCTIVAS.

LA PRODUCCIÓN DE <u>SATISFACTORES</u> (BIENES DE CONSUMO, COSAS NECESARIAS PARA VIVIR) SE LOGRABA AL PRINCIPIO, DE LO QUE PRODUCIA SOLITA LA TIERRA (PLANTAS Y ANIMALES, MINERALES, ETC)

LUEGO SE NECESITÓ <u>TRABAJAR</u> PARA HACER PRODUCIR A LA TIERRA, Y POSTERIORMENTE, EL HOMBRE CREÓ <u>MÁQUINAS</u> QUE LE AHORRARAN EL TRABAJO.

ÉSOS SON LOS FACTORES O FUERZAS PRODUCTIVAS:

1 LOS RECURSOS NATURALES

2 EL TRABAJO

3 LAS MÁQUINAS Y HERRAMIENTAS.

los economistas de derecha denominan "CAPITAL" a las máquinas y herramientas, sospechase que para justificar y defender a los señores capitalistas. Que conste..

FEUDALISMO

Feudal viene de "feudo", es decir, las tierras que un rey le daba a equis "SEÑOR NOBLE", a cambio de servicio militar.

→ ESAS TIERRAS INCLUÍAN GENTE, QUE DEBÍA TRABAJAR GRATIS PARA EL SEÑOR FEUDAL (LOS BARONES) ←

ES DECIR, EL CAMPESINO NO ERA ESCLAVO DEL BARÓN: TENÍA SU LOTECITO DE TIERRA PROPIA QUE PODÍA TRABAJAR SÓLO DESPUÉS DEL TRABAJO PARA EL BARÓN SU SEÑOR. ESTE TIPO DE RÉGIMEN ACABÓ -CASI- CON LA REVOLUCIÓN FRANCESA.

FMI

Como vimos en "Breton Woods", al acabar la 2ª Guerra Mundial, las potencias capitalistas decidieron reordenar la economía mundial, reordenando las finanzas. Para definir cómo iban a funcionar las monedas, fundaron el FONDO MONETARIO INTERNACIONAL.

LA FUNCIÓN -EN TEORÍA- DEL FMI ERA MANEJAR UN FONDO DE DINERO QUE PUDIERA SER UTILIZADO POR LOS PAÍSES MIEMBROS QUE TUVIERAN PROBLEMAS CON SU BALANZA DE PAGOS.
→ Cada miembro ponía una cuota: el 25% en oro y el 75% en moneda nacional. → Así, los miembros del FMI podían tomar a préstamo la moneda extranjera que necesitaran, y que debía regresar -con intereses- al mejorar su situación.

¡QUÉ BIEN: ME PARECE MUY JUDEO-CRISTIANO!

SÍ, PERO...

→ DESGRACIADAMENTE, EL FONDO REUNIDO NO ALCANZÓ PARA CUBRIR LA DEMANDA DE PRÉSTAMOS REQUERIDOS PARA RECONSTRUIR LAS DESTRUIDAS ECONOMÍAS... EN CONSECUENCIA, LOS E.UNIDOS (GRAN GANÓN DE LA GUERRA) **COMPRÓ** EL FMI E IMPUSO SU DÓLAR COMO TIPO DE CAMBIO INTERNACIONAL, EN VEZ DEL ORO...

¡Y se fregó el FMI!

PORQUE AHORA LOS USA PONEN SUS CONDICIONES PARA OTORGAR UN PRÉSTAMO, Y SE HAN CONVERTIDO EN LA DICTADURA FINANCIERA MUNDIAL, QUE HA LLEVADO AL MUNDO A LA CRISIS QUE PADECEMOS.

Gasto público

LO QUE SE GASTA EL GOBIERNO EN LA BUROCRACIA Y LOS PROGRAMAS DE BIENESTAR SOCIAL (Y LAS RATERÍAS USUALES POR ACÁ).

GATT

LAS NACIONES CAPITALISTAS MÁS FUERTES FIRMARON EN 1948 EL Acuerdo General sobre Tarifas Aduaneras y Comercio (GATT) PARA FAVORECER EL COMERCIO SUPRIMIENDO O REDUCIENDO ARANCELES.

EL BENEFICIO HA SIDO POSITIVO, PERO PARA <u>SU</u> COMERCIO, EL DE LOS GRANDES CAPITALISTAS: AL TERCER MUNDO LO HA AMOLADO...

Huelga

HUELGA ES UN MOVIMIENTO LEGAL QUE CONSISTE EN DEJAR DE TRABAJAR PARA CONSEGUIR ALGO (AUMENTO DE SUELDOS O MEJORES CONDICIONES DE TRABAJO).

Se llega a la huelga cuando las pláticas entre patrones y sindicato no resuelven nada, es decir, cuando los patrones no quieren soltar la lana, o los del sindicato no ceden en sus peticiones.

importaciones

la introducción de mercancías, capitales o servicios extranjeros a un país equis.
LO CONTRARIO ES LA EXPORTACIÓN, que es enviar mercancías, capitales o servicios al extranjero.

IMPUESTOS

Cobros de lo más impopulares que hacen los gobiernos para hacerse de dinero, para sus gastos de salubridad, defensa, educación, transporte, vivienda, comunicaciones, etc.

> ..o para beneficio personal del gobernante..

Hay impuestos a todo: al salario, a las mercancías (IVA), al tabaco, a las importaciones, a las bebidas, a las rentas, al uso de los automóviles, al capital, a la televisión, a los terrenos y casas, a los artículos de lujo, al uso de carreteras, al uso de aeropuertos, a los gastos personales, al uso (?) de perros o gatos, a la soltería, a los servicios públicos... y posiblemente en un futuro se grave también a los que tengan abuelita.

> Se les denomina también como TRIBUTACIÓN (FISCAL).

Incremento de la producción

ESTA PALABREJA DOMINGUERA QUIERE DECIR "AUMENTO" DE LA PRODUCCIÓN, COSA QUE SE LOGRA HACIENDO TRABAJAR A LOS OBREROS, CAMPESINOS O MÁQUINAS HASTA QUE EL CUERPO AGUANTE. → EN OTROS CASOS - AVICULTURA, GANADERÍA - SERÍA HASTA QUE EL PUERCO AGUANTE.

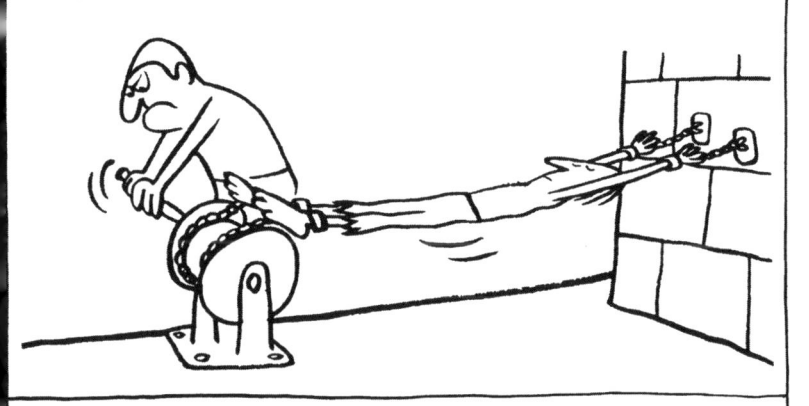

Inestabilidad

¿No es la habilidad de Inés?

DEFINITIVAMENTE NO: LA INESTABILIDAD ECONÓMICA ES ALGO ASÍ COMO UNA CIRQUERA EN LA CUERDA FLOJA: NO SE SABE CON SEGURIDAD SI SEGUIRÁ ADELANTE O SI SE PONDRÁ UN SANTO ZAPOTAZO POR UN MAL PASO.

Inflación

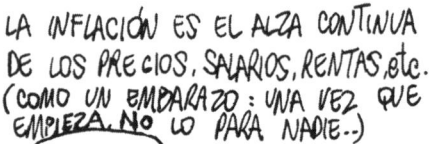

LA INFLACIÓN ES EL ALZA CONTINUA DE LOS PRECIOS, SALARIOS, RENTAS, etc. (COMO UN EMBARAZO: UNA VEZ QUE EMPIEZA, NO LO PARA NADIE..)

¿Y a qué diablos se debe la Inflación?

AL EXCESO DE PAPEL MONEDA: CUANDO UN GOBIERNO INEPTO SE ENCUENTRA CON LA NOVEDAD DE QUE NO LE ALCANZA EL PRESUPUESTO PARA SUS GASTOS (O RATERÍAS), SIMPLEMENTE FABRICA MÁS BILLETES, LO QUE PROVOCA QUE EL DINERO PIERDA SU VALOR, RESPECTO AL DÓLAR.

AL DEVALUARSE LA MONEDA, TODO SUBE DE PRECIO —INCLUSO LOS SALARIOS, QUE SIEMPRE SON INSUFICIENTES— Y SE PRODUCE UNA CARRERA ENTRE PRECIOS Y SALARIOS, INTERMINABLE Y DESVENTAJOSA PARA LAS CLASES BAJAS, Y MUY BENEFICIOSA PARA LA BURGUESÍA...

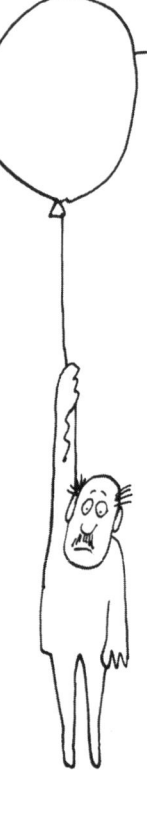

¿Porqué la INFLACIÓN no le hace nada a los ricos..?

VEA USTED: AL INICIARSE UN PROCESO INFLACIONARIO, LOS QUE TIENEN DINERO PIERDEN LA CONFIANZA EN LA MONEDA DE SU PAÍS, LA CAMBIAN POR DÓLARES U ORO, Y SACAN SU CAPITAL DEL PAÍS HACIA EL EXTRANJERO.

Y cuando llega la gran DEVALUACIÓN, se llevan la gran ganancia..

PORQUE SUS DÓLARES O SU ORO VALEN AHORA MUCHO MÁS QUE ANTES...

↳ DE PASO, DEJAN A SU PAÍS SIN CAPITAL Y SIN DÓLARES, PROVOCANDO MÁS INFLACIÓN —DE LA QUE LA BURGUESÍA SE RÍE— PORQUE TIENE DINERO DE SOBRA PARA VIVIR LA CRISIS CACHETONAMENTE.

¿CULPABLES DE LA INFLACIÓN?
EL GOBIERNO INEPTO Y LA BURGUESÍA APROVECHADA.

INFRAESTRUCTURA

→ Son, como quien dice, los CIMIENTOS del desarrollo económico → o sea: Electrificación, drenaje, caminos, agua, presas, puertos, comunicaciones, pavimentación, casas para el obrero, hospitales, etc.

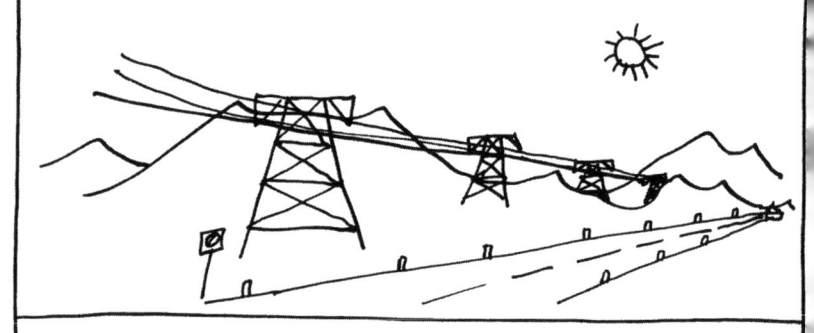

Ingresos

EL DINERO QUE ENTRA AL BOLSILLO, A UNA EMPRESA O A UN ESTADO, POR CONCEPTO DE TRABAJO, GANANCIAS, IMPUESTOS (AL ESTADO) O CUALQUIER OTRA COSA DENTRO DE LA LEGALIDAD.

los hay BRUTOS y NETOS.

BRUTOS, sin descontar nada; NETOS, descontando gastos.

Insumos

Otra de esas palabrejas de los economistas... ¿Qué les cuesta decir mejor MANO DE OBRA?

Inventario

AVERIGUACIÓN AL DETALLE DE LAS EXISTENCIAS DE MERCANCÍA DE CUALQUIER EMPRESA. TAMBIÉN SE LE LLAMA "Balance".

cerrado por INVENTARIO

INTERESES

MODUS VIVENDI, MOTOR, SÍMBOLO, MOTIVACIÓN SUPREMA DE AVAROS, AGIOTISTAS, USUREROS, PRESTAMISTAS Y BANQUEROS.

Estados Unidos no tiene amigos: ¡tiene INTERESES!

YA EN TÉRMINOS DE ECONOMÍA, EL INTERÉS ES EL PORCENTAJE DE GANANCIA QUE OBTIENE EL QUE <u>PRESTA</u> DINERO: (te presto cien pesos y me regresas ciento veinte).

POR OTRO LADO, TAMBIÉN SE OBTIENEN INTERESES AL DEPOSITAR DINERO EN UN BANCO, BIEN EN PLAN DE <u>AHORROS</u> O EN PLAN DE <u>INVERSIÓN</u>. EN ESTOS CASOS, EL BANCO <u>PAGA</u> AL AHORRADOR MÁS INTERESES, PERO SI EL AHORRADOR LE PIDE DINERO PRESTADO AL BANCO, EL AHORRADOR ES EL QUE PAGA INTERESES AL BANCO.

Inversión extranjera

EL IMPERIALISMO CAPITALISTA HA ENCONTRADO EN LAS INVERSIONES EN EL EXTRANJERO LA MEJOR FORMA DE SOJUZGAR A LOS PAÍSES POBRES. ¿CÓMO?

→ Al invertir su dinero en el extranjero, lo hacen consiguiendo GARANTÍAS para no perder dinero, o sea obligan a los gobiernos a darles trato preferencial

→ Segundo: desplazan al capital nacional y muchas veces lo absorben.

→ Tercero: al llevarse del país las ganancias, lo descapitalizan.

→ Cuarto: crean dependencia al monopolizar algunos campos de la producción. (LAS REFACCIONES DE SU MAQUINARIA, POR EJEMPLO)

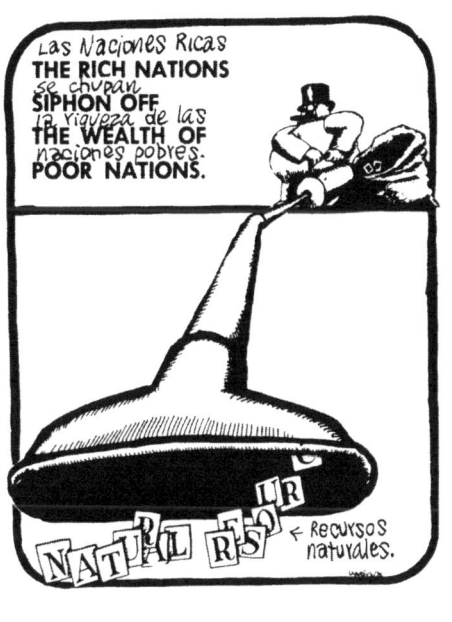

Las Naciones Ricas se chupan la riqueza de las naciones pobres.
THE RICH NATIONS SIPHON OFF THE WEALTH OF POOR NATIONS.

← Recursos naturales.

TOMEMOS UN EJEMPLO CLÁSICO DE INVERSIÓN EXTRANJERA EN AMÉRICA LATINA: LA LECHE. (La producción de leche en México está bajo control de compañías extranjeras —asociadas a capitalistas nativos— en un 50% de lo que se consume en el país. El otro 50% se trae de los USA, donde lo producen las mismas cías.)

> EL PAÍS DEPENDE PARA SU CONSUMO DE LECHE, DE LAS COMPAÑÍAS EXTRANJERAS...

¿QUÉ PASARÍA SI ESAS COMPAÑÍAS SE NEGARAN A PRODUCIR O ENVIAR LA LECHE A MÉXICO? ¿QUÉ PASÓ EN CUBA CUANDO LA REVOLUCIÓN NACIONALIZÓ LAS EMPRESAS EXTRANJERAS?

> BOICOTEARON, AMENAZARON, BOMBARDEARON, ASESINARON, INVADIERON Y BLOQUEARON...

¿CUÁL ES EL BENEFICIO ENTONCES DE LAS INVERSIONES EXTRANJERAS?

Jornada de trabajo

TIEMPO DEL DIA DURANTE EL QUE EL OBRERO TRABAJA EN UNA FÁBRICA O EMPRESA.

Sí, yo tengo la jornada de 40 horas, pero diarias..

CON EL TIEMPO (Y UN GANCHITO: LAS LUCHAS OBRERAS) SE HA LOGRADO REDUCIR ESE TIEMPO DE 12 A 8 HORAS, QUE SON LAS QUE SE TRABAJA NORMALMENTE. ALGUNOS PAÍSES HAN REDUCIDO —PORQUE LO PUEDEN HACER— EL TIEMPO DE TRABAJO A 40 HORAS A LA SEMANA: DESCANSAN SÁBADO Y DOMINGO.

En la URSS se trabaja 6 horas con un día de descanso semanal o 7 horas con 2 días de descanso.

ESO DEPENDE SOBRE TODO DEL AUMENTO EN LA PRODUCTIVIDAD, NO DE DON FIDEL VELÁZQUEZ..

KNOW HOW

EN CRISTIANO SIGNIFICA "cómo hacerlo" Y NO TIENE NINGÚN SENTIDO SEXUAL. EL KNOW-HOW ES UN PAGO QUE SE HACE A LAS COMPAÑÍAS EXTRANJERAS POR EL USO DE TECNOLOGÍA, ESPECIALMENTE POR CONCEPTO DE INSTRUCTIVOS O INSTRUCTORES DE DETERMINADA —Y DIFÍCIL— MAQUINARIA MUY SOFISTICADA...

↑
COMPLICADA, DIFÍCIL DE ENTENDER.

LIBERTAD

(de CAMBIOS, de ECONOMÍA, de EMPRESA, de COMPETENCIA)

Es curioso que los opresores sean los que más exigen LIBERTAD...

LA LIBERTAD QUE PREGONAN LOS CAPITALISTAS ES LA DE <u>MANOS LIBRES</u> PARA TODO: PARA EXPLOTAR OBREROS, PARA HACER DINERO, PARA SAQUEAR AL PAÍS, PARA SACAR SUS DÓLARES, PARA SUBIR LOS PRECIOS A SU ANTOJO, PARA EVADIR AL FISCO, PARA ROBAR, EN UNA PALABRA...

Por eso no me gusta la LIBERTAD DE PRENSA...

libre empresa

SE LE LLAMA TAMBIÉN BURGUESÍA, INICIATIVA PRIVADA, CAPITALISMO, EMPRESARIOS, PATRONES, NEOLIBERALISMO O SISTEMA DE MERCADO.

Y HA SIDO GLORIFICADA POR LA DERECHA Y SATANIZADA POR LA IZQUIERDA

PARA QUE NO LE CUENTEN Y JUZGUE POR USTED MISMO, VAN LOS DOS PUNTOS DE VISTA:

EL OBJETIVO DE LA LIBRE EMPRESA ES OBTENER GRATIS UN MÁXIMO DE GANANCIA CON UN MÍNIMO DE DINERO, EXPLOTANDO POR TODOS LOS MEDIOS EL TRABAJO ASALARIADO. SU IDEAL SUPREMO ES HACER DINERO Y POSEER EN PROPIEDAD TODO LO Q. SE MUEVA.

(OPINIÓN DE LOS ECONOMISTAS MARXISTAS).

EL SISTEMA DE LIBRE EMPRESA TIENE COMO MOTOR Y PREMIO EL BENEFICIO O LUCRO, CONGRUENTE CON LA MOTIVACIÓN NATURAL HUMANA DE BUSCAR EL BIENESTAR PERSONAL, DEJANDO AL HOMBRE EN LIBERTAD DE CUMPLIR SUS DEBERES MORALES Y RELIGIOSOS.

(OPINIÓN DE LOS ECONOMISTAS CAPITALISTAS).

LIQUIDACIÓN

PROCESO MEDIANTE EL CUAL UNA EMPRESA TERMINA SU EXISTENCIA LEGAL, O SEA, LOS PROCEDIMIENTOS LEGALES MEDIANTE LOS CUALES UN NEGOCIO DECLARA HALLARSE FUERA DE COMBATE, EN QUIEBRA, INSOLVENTE, NOQUEADO PUES.
(ALGO ASÍ LE PASÓ AL SOCIALISMO REAL...)

CERRADA POR LIQUIDACIÓN

¡milagro!

Liquidez

TODO PAÍS QUE ESTÁ EN EL JUEGO FINANCIERO CAPITALISTA (AL IGUAL QUE TODA EMPRESA) DEBE TENER UNA <u>RESERVA</u> EN ORO O EN DÓLARES (DIVISAS) PARA SUS OPERACIONES CON EL EXTRANJERO. A ESAS RESERVAS SE LES DENOMINA EL "LÍQUIDO INTERNACIONAL". Y CUANDO LOS PIERDEN, SE DICE QUE HAN PERDIDO LIQUIDEZ.

Lobby

LOBBY QUIERE DECIR "ANTESALA".

EN ECONOMÍA, LOBBISTA ES UNA PERSONA, REPRESENTANTE DE GRANDES EMPRESAS, QUE SE ENCARGA DE SOBORNAR A SENADORES Y DIPUTADOS —O MÁS ARRIBA— PARA QUE APRUEBEN O RECHACEN DETERMINADAS LEYES O DISPOSICIONES GUBERNAMENTALES.

Lumpenproletario

INDIVIDUO DE LA CLASE BAJA —PERO SIN CONCIENCIA DE CLASE— QUE SE PONE AL SERVICIO DE LAS CLASES DOMINANTES O SE DEDICA A ACTIVIDADES ILEGALES EN SU PROPIO BENEFICIO.

LOS GRUPOS DE CHOQUE CONTRA MANIFESTACIONES O HUELGAS, POR EJEMPLO, SON FORMADOS CON LUMPEN... (los "PORROS" vienen a ser de esos.)

← UN DESCASTADO, PUES!

mano de obra

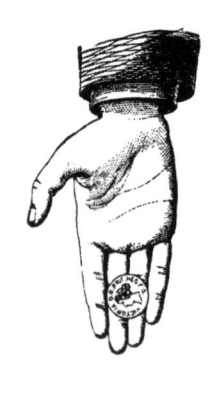

La <u>mano de obra</u> es el costo del TRABAJO FÍSICO utilizado en la producción. Si usted va a hacer una casa, debe calcular cuánto le va a costar el material de construcción y cuánto la <u>mano de obra</u>, es decir, cuánto les va a pagar a los albañiles.

MACROECONOMÍA

DEL GRIEGO "Makrós" = GRANDE.
→ LA MACROECONOMÍA ES ALGO ASÍ COMO EL ESTUDIO DE LAS ACTIVIDADES ECONÓMICAS EN BLOQUE, Y ESTÁ A CARGO DE LOS GOBIERNOS, QUE CON BASE EN ESE ESTUDIO DECIDE QUÉ HACER CON LOS PRECIOS, LOS IMPUESTOS, EL GASTO PÚBLICO, LOS CRÉDITOS BANCARIOS, ETC.

Microeconomía

DEL GRIEGO "Mikrós" = PEQUEÑO.
→ LA MICROECONOMÍA ANALIZA LA ECONOMÍA PERSONAL, TANTO EN UNA FAMILIA COMO EN UNA EMPRESA. O SEA, LA VIDA ECONÓMICA SE CONSIDERA ENTONCES COMO LA SUMA DE ESTAS ACTIVIDADES INDIVIDUALES, QUE EN ECONOMÍA SE LLAMAN "células de base". ¿O-KEY?

Medios de Producción

LOS MEDIOS DE PRODUCCIÓN SON LOS <u>MEDIOS Y OBJETOS</u> DE TRABAJO, QUE UTILIZA EL HOMBRE PARA PRODUCIR COSAS, BIENES, ETC.

¿MEDIOS?
Por ejemplo las máquinas y fábricas, herramientas, transportes...

¿OBJETOS?
Las materias primas, los mares, los bosques.

BAJO EL CAPITALISMO, LOS MEDIOS DE PRODUCCIÓN SON PROPIEDAD "PRIVADA" DE LOS CAPITALISTAS (SON SU CAPITAL) Y UN MEDIO DE EXPLOTAR EL TRABAJO ASALARIADO. COMO EL TRABAJADOR NO ES DUEÑO DE ESOS MEDIOS, TIENE QUE ALQUILARSE AL CAPITALISTA, Y ÉSTE AUMENTA ASÍ SU CAPITAL.

→ Bajo el Socialismo, los Medios de Producción son propiedad colectiva y su explotación y posterior beneficio, son utilizados también colectivamente.

mercado

ESTA PALABRA TIENE DOS SIGNIFICADOS EN ECONOMÍA: PRIMERO EL LUGAR DONDE SE HACEN TRANSACCIONES COMERCIALES (COMPRA Y VENTA), Y SEGUNDO, LAS OPERACIONES COMERCIALES Y SUS LEYES. ACTUALMENTE TAMBIÉN COMPRENDE LAS MERCANCÍAS MISMAS (mercado del café, del algodón, del petróleo, del automóvil.)

¿LAS LEYES DEL MERCADO? BÁSICAMENTE, LAS DE LA OFERTA Y LA DEMANDA.

Diego Rivera

MODO DE PRODUCCIÓN

ES EL MODO UTILIZADO PARA OBTENER LOS BIENES MATERIALES NECESARIOS AL HOMBRE PARA EL CONSUMO PRODUCTIVO Y PERSONAL. EN SU LARGA HISTORIA, EL HOMBRE HA UTILIZADO DISTINTOS MODOS DE PRODUCCIÓN:

- → EL PRIMITIVO (el hombre solo)
- → EL ESCLAVISTA (el hombre posesión del hombre)
- → EL FEUDAL (el hombre semi-posesión del hombre)
- → EL CAPITALISTA (el hombre explotado por el hombre)
- → EL SOCIALISTA (el hombre con el hombre).

Moneda

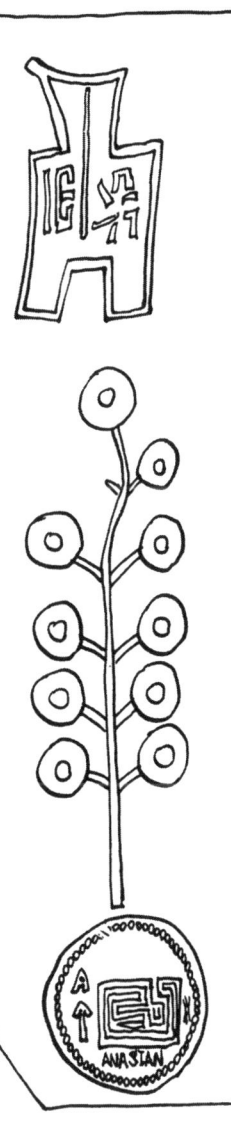

DINERO HECHO DE METAL, ANTES PRECIOSO (ORO Y PLATA), HOY DE POCO VALOR (NÍQUEL, COBRE) Y MAÑANA SEGURAMENTE DE PLÁSTICO...

LA MONEDA ES DINERO "SIGNO", ES DECIR QUE <u>NO VALE</u> LO QUE REPRESENTA, A DIFERENCIA DEL DINERO "DE PLENO CONTENIDO", COMO LAS VIEJAS PIEZAS DE ORO, CUYO VALOR NOMINAL ERA EL MISMO DE SU VALOR REAL. (Por cierto, las Casas de Moneda se llaman <u>CECA</u>).

MONETARISMO

→ EL MONETARISMO ES UN ULTRA-CAPITALISMO QUE BASA SU DOCTRINA EN DARLES LIBERTAD ABSOLUTA A LAS EMPRESAS PARTICULARES Y RESTRINGIR LA INTERVENCIÓN DEL ESTADO EN LA ECONOMÍA. → LAS CRISIS ECONÓMICAS —SEGÚN EL MONETARISMO— SE DEBEN A UN COMPORTAMIENTO INFLACIONARIO DE LA ECONOMÍA (CRECIMIENTO ALOCADO, PRODUCCIÓN IRRACIONAL, EXCESO DE CIRCULANTE, DISTRIBUCIÓN DESIGUAL DEL INGRESO), LO QUE LLEVA AL PAÍS A UNA CRISIS INFLACIONARIA...

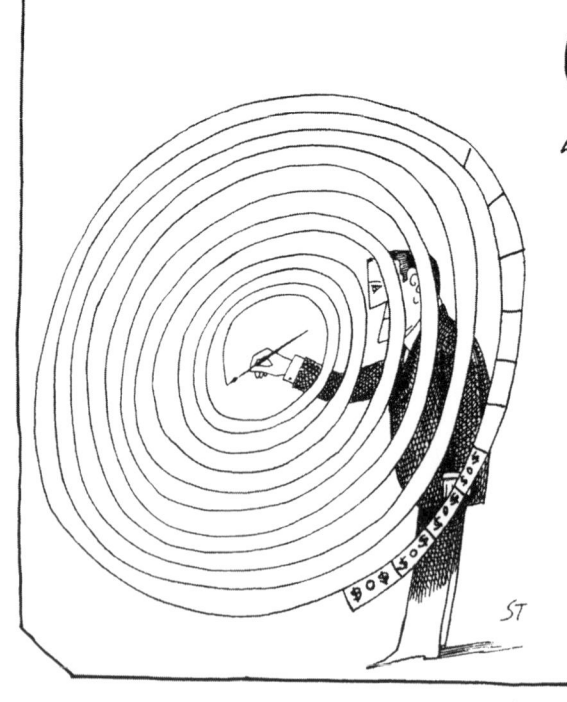

¿CÓMO RESUELVE EL MONETARISMO LAS CRISIS?

PREGONAN —CON TODA RAZÓN— UNA POLÍTICA DEFLACIONARIA: ESTABILIZACIÓN

Y DISMINUCIÓN DEL GASTO PÚBLICO, AUMENTO DE PRECIOS, MÁS DEUDA PÚBLICA, MENOS EMPLEOS, MÁS IMPUESTOS.

—¿Y eso NOS SALVARÁ DE LA CRISIS?

—¡"NOS" ES MUCHA GENTE, AMIGO!

LAS "SOLUCIONES" MONETARISTAS SALVAN A LOS PAÍSES DE LAS CRISIS INFLACIONARIAS, PERO SIN INCLUIR A LA POBLACIÓN: LO QUE SE SALVA ES EL **SISTEMA CAPITALISTA**, JODIENDO MÁS A LAS CLASES JODIDAS Y HACIENDO CRECER MÁS EL CAPITAL DE LAS GRANDES EMPRESAS Y DE LA BURGUESÍA...

—Salir de la crisis —según el monetarismo— es SALVAR AL SISTEMA de volverse SOCIALISTA.

que sería la única salvación para el pueblo de los jodidos.

Monopolio

CONCENTRACIÓN DE UNA GRAN PARTE DE LA PRODUCCIÓN EN POCAS MANOS.

TAMBIÉN SE LES DENOMINA TRUSTS, CONSORCIOS, SISTEMAS, CÁRTELS, POOLS, CORNERS O SINDICATOS (patronales, como en el caso de los periódicos y agencias noticiosas) Y UTILIZAN AL ESTADO BURGUÉS COMO SOCIO Y ADMINISTRADOR.

MORATORIA

PLAZO QUE SE OTORGA AL QUE DEBE PAGAR UNA DEUDA VENCIDA, Y NO TIENE CON QUÉ PAGAR NI LOS INTERESES.

¡..una moratoria de 15 minutos para hacer pipí!

Morosidad

EN ECONOMÍA SE LLAMA "CLIENTE MOROSO" AL QUE SE TARDA EN PAGAR MÁS DE LO CONVENIDO..

¿cuándo pagar el hombre blanco?

Multinacionales

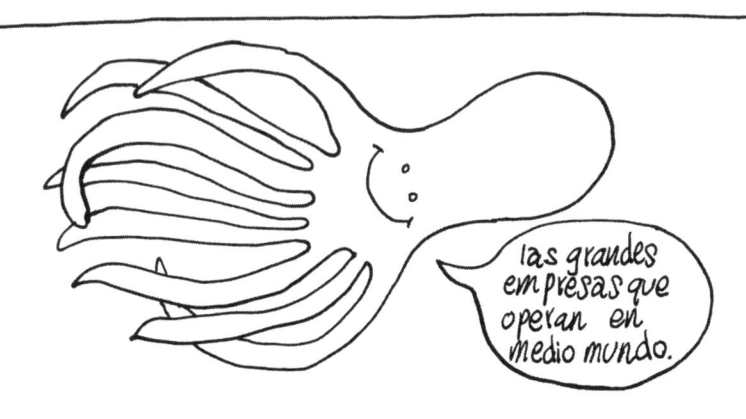

las grandes empresas que operan en medio mundo.

FORD • OLIVETTI • UNILEVER • COLGATE-PALMOLIVE • US STEEL • MITSUBISHI • PHILLIPS • IBM • BAYER • ESSO • TWA • THYSSEN • WESTINGHOUSE • NESTLÉ • BRITISH PETROLEUM • NIPON STEEL • SONY • MOBIL OIL • CIBA-GEIGY • PANAM • PUK • MICHELIN • PEUGEOT • GENERAL MOTORS • SIEMENS • RCA • ROYAL DUTCH-SHELL • MASSEY-FERGUSON • POCLAIN • PROCTER AND GAMBLE • HOLIDAY INN • GENERAL ELECTRIC • HONEYWELL • ICI • DU PONT • DUNLOP-PIRELLI • GOODYEAR • XEROX • 3M • MITSUI • LOCKHEED • ITT • BOEING • MANNESMAN • HOFFMAN-LA ROCHE • HOECHST • DOW CHEMICAL • FIAT • COCA-COLA • CHRYSLER • TEXACO • BRITISH LEYLAND • BASF • HITACHI • FIRESTONE • ERICSSON • AMERICAN MOTORS • AEG-TELEFUNKEN • VOLVO • MONTEDISON • EXXON • PEPSI

¡pura compañía mexicana!...

Neoliberalismo

DOCTRINA ECONÓMICA <u>IMPUESTA</u> EN CASI TODO EL MUNDO POR EL FMI (Y OTROS ORGANISMOS INTERNACIONALES DE WASHINGTON), COMO CONDICIÓN PARA RECIBIR "AYUDA" Y PRÉSTAMOS PARA PODER PAGAR LOS INTERESES DE OTROS PRÉSTAMOS.

SU PRÁCTICA CONSISTE EN LA ENTREGA DE LA ECONOMÍA A LOS EMPRESARIOS NACIONALES E INTERNACIONALES (A ESTOS MÁS) Y A LA <u>PRIVATIZACIÓN</u> DE LOS SERVICIOS PÚBLICOS, QUEDANDO ASÍ EL GRUESO DE LA POBLACIÓN A MERCED DE LAS LEYES DEL MERCADO.

Esta forma de capitalismo es tan salvaje como la Bomba de Hidrógeno:

"SÓLO" mata a la gente...

Obligaciones

ESPECIE DE "ACCIONES" O VALORES QUE EMITEN LAS SOCIEDADES ANÓNIMAS, A CAMBIO DE PRÉSTAMOS A LARGO PLAZO.

MIENTRAS LAS EMPRESAS NO PAGAN ESOS PRÉSTAMOS, PAGAN INTERESES ANUALES A LOS PRESTAMISTAS QUE POSEEN LAS OBLIGACIONES.

OFERTA y DEMANDA

LEY NO ESCRITA DE LA ECONOMÍA, LA MÁS VIEJA QUE EXISTE, Y POR LA QUE SE RIGE EL MERCADO: EL QUE OFRECE Y EL QUE DEMANDA, EL QUE COMPRA Y EL QUE VENDE.

¿Cuánto dijo que me quería?

GENERALMENTE, CUANDO HAY MÁS OFERTA QUE DEMANDA, LA MERCANCÍA BAJA DE PRECIO, Y VICEVERSA. O AL MENOS ASÍ ERA EN LOS VIEJOS TIEMPOS...

Oligarquía

PEQUEÑO GRUPO DE CAPITALISTAS QUE CONTROLAN BANCOS, INDUSTRIAS Y EMPRESAS COMERCIALES, EJERCIENDO ASÍ EL DOMINIO ECONÓMICO Y POLÍTICO DE UN PAÍS.

A NIVEL INTERNACIONAL SERÍAN LOS ROCKEFELLER, LOS MORGAN, LOS DUPONT, CON SUS EQUIVALENTES NACIONALES COMO LOS AZCÁRRAGA, LOS GARZA SADA, LOS HANK GONZÁLEZ Y OTROS HIJOS DEL PRI...

Patrón oro

DEBIDO A LA FALTA DE CONFIANZA EN LAS MONEDAS "EXTRANJERAS", SE OPTÓ POR BUSCAR UN MEDIO DE CAMBIO ACEPTABLE, Y SE ESCOGIÓ AL ORO QUE ES UN MINERAL ESCASO E INALTERABLE.

ASÍ, SE UTILIZÓ EL ORO PARA PAGOS INTERNACIONALES Y SE FIJÓ UN "PATRÓN", UN EQUIVALENTE DE LA MONEDA DE TODOS LOS PAÍSES, EN ORO.

POR EJEMPLO, EN 1914 LA LIBRA ESTERLINA EQUIVALÍA A 0.275 ONZAS DE ORO Y EL DÓLAR A 0.653...

...Y UN PESO-MEX EQUIVALÍA A UN DÓLAR.

A RAÍZ DEL TRIUNFO COMUNISTA EN RUSIA Y DE LAS ENORMES RESERVAS DE ORO QUE DESCUBRIERON LOS BOLCHEVIQUES, EN 1930 SE ABANDONÓ PRÁCTICAMENTE EL PATRÓN ORO Y SE IMPUSO LA LIBRA INGLESA PRIMERO, Y EL DÓLAR YANQUI DESPUÉS, COMO PATRÓN-TIPO DE LOS CAMBIOS INTERNACIONALES (VER BRETON WOODS)

PATRONATO

CORPORACIÓN QUE FORMAN LOS PATRONES PARA PATROCINAR (defender, favorecer) ALGUNA EMPRESA CULTURAL, OBRA PÍA -QUE DICEN LOS CURAS- O COMERCIAL.

NO, SI ES DE MUJERES <u>NO</u> SE LLAMA MATRONATO..

Petrolización

¡CUANDO UN PAÍS BASA SU ECONOMÍA EN EL PETRÓLEO, EXPONIÉNDOSE A QUE EN UNO DE ESOS VAIVENES DEL MERCADO, BAJEN LOS PRECIOS Y NOS LLEVE LA QUE NOS TRAJO!

(Ejemplo de tal idiotez lo tenemos en casa).

Plusvalía

POR HABER DESCUBIERTO CARLITOS MARX LA PLUSVALÍA, SE GANÓ EL ODIO ETERNO DE LOS RICACHONES, PATRONES, CURAS Y EMPRESARIOS...

EL DUEÑO DE UNA HERRERÍA PONE A UN OBRERO A TRABAJAR:

"Haga una ventana, Mateo"

2 EL OBRERO SE TARDA 3 DÍAS EN HACER LA VENTANA. POR ESE TRABAJO RECIBE -SUPONGAMOS- DOS MIL PESOS..

"MÁS MIL PESOS DE MATERIAL: LA VENTANA ME COSTÓ 3 MIL."

3 EL DUEÑO DE LA HERRERÍA VA Y VENDE LA VENTANA EN 5 MIL PESOS: ESA GANANCIA DE 2 MIL $ ES LA PLUSVALÍA..

"de la que el obrero no recibe ni un centavo.."

..O SEA, YA EN TÉRMINOS MÁS DOMINGUEROS: **PLUSVALÍA** ES EL VALOR-EXTRA QUE EL TRABAJO LE CREA A UNA MERCANCÍA; VALOR-EXTRA QUE CONSTITUYE LA GANANCIA DEL PATRÓN...

¿Y EN EL SOCIALISMO QUÉ PASA CON LA PLUSVALÍA?

EN EL SOCIALISMO NO HAY CAPITALISTAS NI "DUEÑOS" DE FÁBRICAS, ASÍ QUE LA PLUSVALÍA SE REPARTE:

a) Para las necesidades colectivas
b) Para los obreros
c) Para reinvertirla en la misma empresa.

PNB (producto nacional bruto)

En teoría, el PNB es la suma de todo lo que se ha vendido o producido en un año en un país, dividido luego entre todos los habitantes del país, lo que da el producto nacional bruto o producto social global.

> PERO ES LO MÁS TRAMPOSO QUE EXISTE, APARTE DE REAGAN..

PRIMERO, PORQUE HABIENDO RICOS QUE CONSUMEN MUCHO, Y POBRES QUE APENAS COMEN, NO ES POSIBLE FIJAR ASÍ UN PROMEDIO VÁLIDO Y DECIR, POR EJEMPLO, QUE EL INGRESO PROMEDIO POR HABITANTE EN MÉXICO ES DE 500 DÓLARES ANUALES...

> ¡ES MUCHO!

> ¡NO ES NADA!

Y SEGUNDO, PORQUE, COMO EL PNB SE EXPRESA A PRECIOS CORRIENTES AL PÚBLICO, DEL AÑO EN CURSO, NO PERMITE HACER COMPARACIONES VÁLIDAS CON AÑOS ANTERIORES...

¡CLARO: EL DINERO NO VALE YA LO MISMO!

Y TERCERO, NO ES POSIBLE FIJAR EL PNB IGUAL PARA DOS SISTEMAS OPUESTOS..

..Y FIJAR ASÍ COMPARACIONES VÁLIDAS. VEAMOS EL PNB DE ALGUNOS PAÍSES →

PNB (1973) en dólares, por habitante.

SUIZA (6 millones habit.) → 6591
SUECIA (8 millones) 6230
U.S.A. (211 millones) → 6103
KUWAIT (1 millón) 6211
ALEMANIA OCC. (62 mill.) → 5570
CANADÁ (22 millones) 5178
FRANCIA (52 millones) 4763
JAPÓN (108 millones) → 3415
INGLATERRA (56 millones) 2810
R.D.A. (19 millones) 2663
URSS (252 millones) 2120
PUERTO RICO (3 millones) 2191 ?
HUNGRÍA (10 millones) 1858
ESPAÑA (35 millones) 1619
POLONIA (34 millones) 1582
VENEZUELA (11 millones) 1280
MÉXICO (56 millones) 892
CHINA (887 millones) 170

RIDÍCULO, ¿NO?

Populismo

Una especie de REFORMISMO, o sea, darle al pueblo por su lado con medidas dizque revolucionarias (reformas a leyes, reparto de utilidades, ampliación del seguro social, reparto de juguetes, entrega de títulos de propiedad, el INFONAVIT, el ISSSTE, premios y cosas así por el estilo.)

o atole

Proletariado

Trabajador que vive de su salario, exclusivamente..

es decir, fabricantes de ricos y de niños..

PROPIEDAD

"La propiedad es un robo", sentenció el filósofo francés Proudhon.

Cuando nace la Propiedad Privada (es decir, cuando algunos hacen "suyos" los medios de producción) nace también la explotación del hombre (pobre) por el hombre (rico), y la sociedad se divide en 2 clases: explotados y explotadores.

¡Hasta que llegó el Socialismo, cabrones!

Con el Socialismo, la propiedad de los medios de producción deja de ser <u>privada</u> y se vuelve social, es decir, de la sociedad toda. → Pero se respeta la propiedad privada, o sea la propiedad <u>personal</u> (casa, automóvil, ropa, joyas, dinero, cosas, chácharas, etc.) → Lo demás, de que el Socialismo le quita sus propiedades a la gente, es puro cuento.

Publicidad

Interesante a las personas flacas

He hecho a Dios

SISTEMA PARA CONVENCER A LA GENTE DE QUE COMPRE LO QUE NO NECESITA.

↓

LA PRÁCTICA PUBLICITARIA CARECE —HASTA HOY— DE UNA <u>ÉTICA</u> DE CONDUCTA, Y SE HA VENIDO CONVIRTIENDO EN UNA FORMA DESCARADA —Y A VECES INGENIOSA— DE **ENGAÑAR** Y TOMARLE EL PELO AL PÚBLICO CONSUMIDOR. ¿O NO?

D.R.G.M.

Quiebra

QUIEBRA, CRACK O BANCARROTA ES, SIMPLEMENTE, LA INCAPACIDAD DE UNA PERSONA O EMPRESA PARA SEGUIR PAGANDO SUS DEUDAS...

recesión

SUSPENSIÓN TEMPORAL DE LA ACTIVIDAD PRODUCTIVA: CIERRE DE FÁBRICAS A MEDIAS, ES DECIR, CORRER A ALGUNOS OBREROS O EMPLEADOS MIENTRAS PASA LA CRISIS.

LO QUE PUEDE HACER ES COMER UNA VEZ AL DÍA Y AHORRAR LO DEMÁS.

RACIONAMIENTO

CUANDO DETERMINADA MERCANCÍA O ALIMENTO SE ESCASEA MUCHO, EL GOBIERNO <u>RACIONA</u> SU CONSUMO, ES DECIR, LA VENDE POR RACIÓN A TODA LA POBLACIÓN, MEDIANTE UN SISTEMA DE CUPONES O UNA LIBRETA DE RACIONAMIENTO.

ELLO SE HACE PARA EVITAR QUE SÓLO LOS RICOS LO PUEDAN CONSUMIR O LO ACAPAREN, JODIENDO ASÍ A LOS POBRES.

Debían racionar la justicia..

Reservas

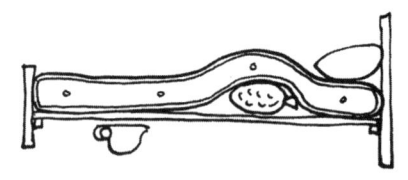

DINERO QUE TODA EMPRESA O PAÍS PREVISOR GUARDA, RESERVA, ESCONDE, PARA UNA EMERGENCIA, O COMO UNA GARANTÍA DE PRÉSTAMO. GENERALMENTE LAS RESERVAS SE HACEN EN ORO O EN UNA MONEDA FUERTE. (EN MÉXICO, LAS RESERVAS -tras privatizarlas- VAN A DAR A SUIZA...)

Relaciones de producción

Son las que se establecen en el proceso de producción entre los hombres que participan en el proceso, y que determinan cómo se va a trabajar, qué se va a producir y cómo se va a repartir la ganancia de lo producido.

HAY 2 TIPOS DE RELACIONES.

UNA, CUANDO LA PROPIEDAD ES <u>PRIVADA</u> QUE SE CONSTITUYE COMO DOMINIO DE UNA PARTE (el Patrón) SOBRE LA OTRA (obrero).

....

OTRA, CUANDO LA PROPIEDAD ES <u>SOCIAL</u> (común) Y QUE SE CONSTITUYE EN PLAN DE IGUALDAD Y AYUDA MUTUA ENTRE OBREROS Y ADMINISTRADOR. ESTA RELACIÓN SÓLO SE DA -CON SUS FALLAS TODAVÍA- EN LAS SOCIEDADES SOCIALISTAS.

Rentabilidad

LA RENTABILIDAD ES EL RENDIMIENTO, LA GANANCIA QUE PRODUCE TODA EMPRESA QUE SE RESPETE. ESA RENTABILIDAD SE LOGRA GENERALMENTE EXPLOTANDO AL TRABAJADOR Y AUMENTANDO LOS PRECIOS DE LA EMPRESA (de los productos, mejor dicho).

SI: ESTA EMPRESA ES ALTAMENTE RENTABLE. ¡COÑO!

LA RENTABILIDAD IDEAL DE UNA EMPRESA, ES LA QUE SE LOGRA SIN LA EXPLOTACIÓN Y EL LUCRO DESMESURADO... COSAS CASI IMPOSIBLES DE DARSE EN EL CAPITALISMO.

¿Y EN EL SOCIALISMO QUE?

EN EL SOCIALISMO, LA OBTENCIÓN DE GANANCIAS NO ES EL FIN DE LAS EMPRESAS, SINO UNO DE LOS FINES, SIENDO LOS OTROS SATISFACER LAS NECESIDADES DE LA SOCIEDAD Y DAR TRABAJO A MÁS GENTE.

→ CLARO. ELLO SE LOGRA MEJOR SI LA EMPRESA ES RENTABLE. ←

¡LA RENTABILIDAD ES UNO DE LOS PROBLEMAS QUE NO HA RESUELTO COMPLETAMENTE EL SOCIALISMO!

de hecho, nunca lo resolvió nadie, ni Fidel.

→ Porque, si bien se han eliminado la explotación del trabajador y el afán de lucro, NO se ha logrado en general tener empresas rentables, debiendo ser <u>subsidiadas</u> por el Estado para evitar su cierre...

EN EL SOCIALISMO LA RENTABILIDAD NO ES SUPER-NECESARIA; EN EL CAPITALISMO SÍ, O TRUENAN..

regalías

..O ROYALTIES, QUE DICEN LOS SAJONES, SON LOS "DERECHOS DE AUTOR" QUE SE PAGAN POR EL USO DE DETERMINADOS INVENTOS Y PATENTES, A LAS COMPAÑÍAS EXTRANJERAS. (COPYRIGHT).

DE HECHO, EL PAGO DE REGALÍAS AL EXTRANJERO ES OTRA SALIDA DE DIVISAS, QUE SÓLO SE RECUPERARÍAN SI EL PAÍS VENDIERA O ALQUILARA PATENTES AL EXTRANJERO.

¡INVENTO MEXICANO: BOTELLA IRRELLENABLE!

(el autor, por ejemplo, vive de las regalías de sus librajos...)

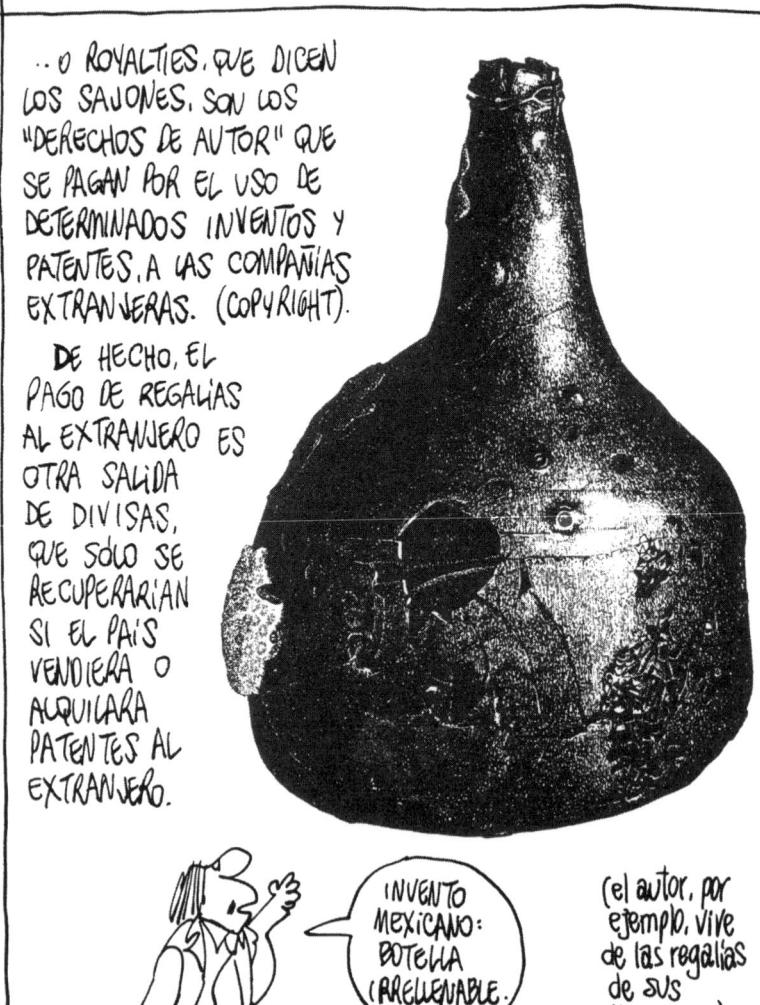

Salario

EL SALARIO (O SUELDO) ES EL PRECIO DE LA FUERZA DE TRABAJO, O SEA, LO QUE RECIBE UNA PERSONA POR DETERMINADO TIEMPO DE TRABAJO. → EN RIGOR, EL SALARIO DEBERÍA ESTABLECERSE DE ACUERDO CON LOS PRECIOS QUE TIENEN LAS COSAS QUE EL TRABAJADOR NECESITA ADQUIRIR, -Y QUE TODAVÍA LE SOBRARA- PERO ESE MILAGRO RARAS VECES SE DA EN EL CAPITALISMO

¿Y EN RELACIÓN A LO QUE GANA LA EMPRESA CON MI TRABAJO?

← ¡PEOR TODAVÍA! LA PLUSVALÍA NO SE COMPARTE CON LOS TRABAJADORES: EN EL CAPITALISMO <u>SIEMPRE</u> SON BAJOS LOS SALARIOS, MÁS BAJOS QUE LAS GANANCIAS DEL PATRÓN.

SOCIALISMO

EL PRINCIPIO BÁSICO DEL SOCIALISMO ES ELIMINAR LA PROPIEDAD PRIVADA SOBRE LOS MEDIOS DE PRODUCCIÓN: EN EL SOCIALISMO NO HAY "DUEÑOS" DE FÁBRICAS, DE TIERRAS, DE TRANSPORTES, DE MINAS, DE EDIFICIOS O DE EMPRESAS.

EL SOCIALISMO SE APOYA EN a) LA PROPIEDAD ESTATAL O DEL PUEBLO, Y b) LA PROPIEDAD COOPERATIVA.

¡BAH!

SU BASE TEÓRICA Y ECONÓMICA (Y CLARO, FILOSÓFICA TAMBIÉN) ES EL MARXISMO, CREADO POR CARLOS MARX (1818-1883) Y PUESTO EN PRÁCTICA POR LENIN EN RUSIA —HOY LA URSS— Y DESPUÉS EN CHINA, LA RDA, YUGOSLAVIA, ALBANIA, CUBA, VIETNAM, ANGOLA, COREA, BULGARIA, MOZAMBIQUE, POLONIA, MONGOLIA, CHECOSLOVAQUIA, HUNGRÍA, ETC, ETC, ETC... (PERO MAL PUESTO...)

Subdesarrollo

Es difícil definir qué es el subdesarrollo, dado que no se ha podido decir, a satisfacción de todos, en qué consiste lo que llaman DESARROLLO.

> Se supone que es lo que han alcanzado países como FRANCIA, USA, INGLATERRA, JAPÓN o la URSS..

Pero como los caminos y métodos que han seguido esos países para desarrollarse son muy diferentes, no se puede tomar a ninguno de ellos como MODELO, máxime que ese tipo de desarrollo ha producido más **problemas** de los que ha resuelto (contaminación, criminalidad, degradación social, etc.)

No habiendo entonces un modelo único válido de desarrollo, no puede fijarse tampoco -en comparación- uno de país subdesarrollado. Pero vamos a <u>SUPONER</u>: →

SE SUPONE QUE EL DESARROLLO ES
LA UTILIZACIÓN ÓPTIMA Y RACIONAL DE LOS RECURSOS (naturales, humanos y técnicos) DE UN PAÍS.
SI ESTAMOS DE ACUERDO CON ESA DEFINICIÓN DE DESARROLLO, PODEMOS YA FÁCILMENTE DEFINIR EL Sub-desarrollo:
LA NO UTILIZACIÓN ÓPTIMA NI RACIONAL DE LOS RECURSOS DE UN PAÍS.
(¡PUF, QUÉ LÍO!)

Subsidio

Socorro o auxilio extraordinario, es decir, FUERA de lo ordinario.

Por ejemplo, los Ferrocarriles, el Metro, las Universidades, reciben SUBSIDIO del Gobierno para subsistir, pese a que sus finanzas andan mal. ¿Por qué se subsidia a organismos o empresas que no son rentables? Pues para que sean de utilidad a la Sociedad, dicen...

Superávit

SUPERÁVIT ES CUANDO EN UNA EMPRESA, BOLSILLO O HACIENDA PÚBLICA, HAY MÁS INGRESOS QUE EGRESOS, ES DECIR, CUANDO HAY MÁS ENTRADAS QUE SALIDAS..

O sea, casi un milagro..

Tecnocracia

TECNÓCRATA es un burócrata con computadora. (DE LA MADRID, SALINAS de GORTARI, ZEDILLO, etc.)

EN LAS SOCIEDADES MODERNAS ALTAMENTE DESARROLLADAS O EN VÍAS DE DESARROLLO, LOS TECNÓCRATAS (contadores públicos, economistas, ingenieros electrónicos, administradores de empresa, etc.) HAN DESPLAZADO DEL GOBIERNO A LOS POLÍTICOS.

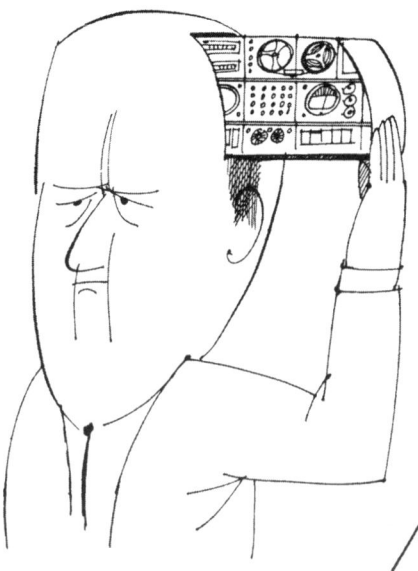

LA TECNOCRACIA GOBIERNA MÁS CON LA COMPUTADORA QUE CON EL CEREBRO Y EL CORAZÓN... Y LOS RESULTADOS SON FRANCAMENTE DESALENTADORES PARA EL SER HUMANO.

Tributación

PAGO EN ESPECIE QUE LOS CONQUISTADORES <u>IMPONEN</u> A LOS PUEBLOS CONQUISTADOS, Y QUE SE DENOMINABAN <u>TRIBUTOS</u>.

Hoy se les llama <u>IMPUESTOS</u>, porque son eso: IMPOSICIONES.

Valores

VALOR ES... EL PRECIO DE DETERMINADA MERCANCÍA.

LOS VALORES, EN CAMBIO, SON LAS "ACCIONES", TÍTULOS U "OBLIGACIONES" QUE SE NEGOCIAN EN LA BOLSA O LOS BANCOS.

¡NO CONFUNDIR CON LOS VALORES DEL ESPÍRITU, QUE HAN BAJADO UN CHINGO!

Utilidad

ES EL PODER DE UNA MERCANCÍA PARA SATISFACER UNA NECESIDAD.

NO FISIOLÓGICA, AUNQUE TAMBIÉN, COMO EL PAPEL DE BAÑO..

Y TAMBIÉN LLAMAN "UTILIDADES" A LAS GANANCIAS O INTERESES, LO QUE ES ÚTIL SABERLO. → LA ECONOMÍA NO MANEJA LA MORAL EN CUANTO A UTILIDAD. → POR EJEMPLO:

LA venta de este LIBRO:

PROPORCIONA UTILIDADES AL EDITOR (Y AL AUTOR, ESPERO), PERO TAMBIÉN PUEDE SER DE UTILIDAD AL LECTOR, AL SATISFACER (ESPERO) SU NECESIDAD DE ADQUIRIR CIERTOS CONOCIMIENTOS. ¡SERLE ÚTIL ME SATISFACE, COMO QUIEN DICE!
→ Saludos. 1983/1997

AQUÍ VA EL COLOFÓN:
Economía al alcance de todos de Rius
se terminó de imprimir en julio de 2022
en los talleres de
Litográfica Ingramex S.A. de C.V.,
Centeno 162-1, Col. Granjas Esmeralda, C.P. 09810,
Ciudad de México.

ECONOMÍA
al alcance de todos
SOCIALISMO
CAPITALISMO
ECONOMÍA MIXTA
FEUDALISMO
COMUNISMO
ESCLAVISMO
COMUNISMO PRIMITIVO

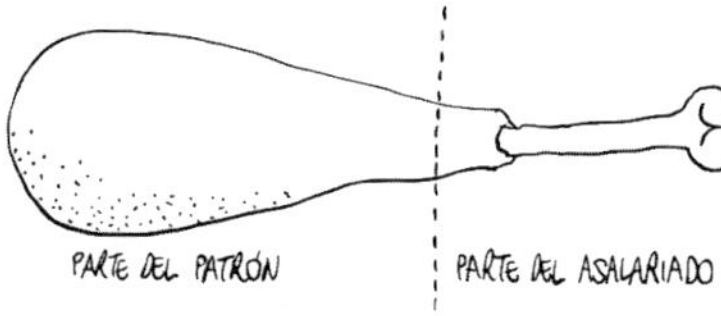
PARTE DEL PATRÓN
PARTE DEL ASALARIADO

¡ESTO ES MÍO!

VIVA LA LIBERTAD

ingresos
egresos

BUENO, YA SE ACLARÓ LA PRIMERA CUESTIÓN DEL QUÉ PRODUCIR..
RESPUESTA: LO QUE DEJE DINERO..
¿CUÁL ERA LA SEGUNDA CUESTIÓN?
¡POS CÓMO PRODUCIR, PILIGONIO!